U0560022

少年科比

球一直在他手中

管维佳 著

北京体育大学出版社

你知道
凌晨 4 点的洛杉矶
是什么样子吗?

这句话也许是科比说的
也许不是
现在究竟是谁说的
并不重要

少年

Rising Kobe

科比

CONTENTS

目录

少年科比
Rising Kobe

推荐序

最特别的一本科比

— 杨毅 —

从 2016 年 4 月 14 日——科比职业生涯最后一战到现在，我已经看见过太多本有关科比的书和杂志，这是缅怀的岁月，也是出版社的商机。在书市里令人眼花缭乱的选择中，选中一本关于科比的好书，并不是那么容易的事情。现在，我必须要恭喜你。各位手中的这本由管维佳老师写下的科比，是所有的选择中最特别的一本科比。

这不是一本记述科比伟大职业生涯的书，在这个信息爆炸和共享的时代，科比所有 20 年 NBA 职业生涯中的高潮和点滴，哪怕是再小的故事，你都能通过互联网搜索到。这就是你手上这本书的特别之处，它并非告诉你科比有多伟大——那已无需告知，它讲述给你听的是，科比如何成为科比，是怎样的出身、环境、文化、生活、阅历，才形成了科比式的独特个性，才将那个18岁的少年推向了不朽的职业生涯的大门前。

作为一个工作了20年的文字工作者，我喜欢管老师在创作时的着眼点，也喜欢他的构思与创意。我知道如果你想写下这样一本书，你所需要查阅的资料，你所需要查阅资料的范畴和使用的语言（可能是意大利语、英语乃至西班牙语），已经完全超出了我们日常编撰稿件时的范围。管老师并非在用他作为一个媒体工作者多年的积累在写这本书，而是和读者们一起，去发现和写下一本新书。其工作量之大，用心之精琢，可以想见。

如果不是这样，你是不会在本书里看到这样的细节的：

科比的性格更像他的妈妈帕梅拉。帕梅拉风情万种，而且火爆泼辣。她在意大利的街头跑步时被路人吹了口哨，她直接高声地用国骂回敬；

在父亲乔·布莱恩特在意大利联赛的比赛开始之前，科比总会拿着球当着几千名观众练投篮，直到球队经理把他轰出去；

在科比回到美国之后，他的教练告诉他：你现在可能是篮球天赋排名全美前100的高中生，我们要先进入前50，然后前25，前20，最终的目标是前10。结果，科比在高三那年，成为了全美第一高中生。

　　所有这些，都和你也许熟知的关于杰里·韦斯特、迈克尔·乔丹、菲尔·杰克逊、沙奎尔·奥尼尔、马克·加索尔的故事不同。这些故事为你打开了一个世界，就像让你去探知一个伟大传说的前传，让你知道，什么是因果，科比为什么能够走到那里。所有那些故事和感知都是新鲜的，这就是为什么，我相信你会像我一样，一口气把它读完。

　　与此同时，在这本书里，我还读到了一些罕见的东西——属于父亲们的共鸣。管老师和我一样，也是一位父亲，他有一对可爱的双胞胎儿子。也许你们——年轻的读者们还体会不到，任何一位父母去审视一个少年成长的故事时，都会去思考，一位未来的巨星，尤其是他那独特而不可复制的人格，是在怎样的家庭教育和成长环境里形成的。你希望你的孩子将来成为怎样的人，你希望让他形成怎样的个性，这也许是父母们在阅读这本书时共同的心境。

　　我必须得说，和了解科比少年时的那些故事相比，这是我在阅读这本书时最大的收获。我在这里学到，当一个6岁的孩子跟随父母前往异国，在陌生的环境、陌生的语言、陌生的文化里，身边突然失去了伙伴，他可能会形成怎样的个性。我想，这就是"曼巴"

的诞生，这源自一个6岁孩子内心深处的孤独。这就是为什么，科比视篮球为他的信念，因为这是那时他唯一还能沟通的朋友；这就是为什么，科比在球场上会是一个近乎于残忍的、戮力杀伐的杀手，因为这是他在一个陌生世界里赢得别的孩子尊重的唯一方式；这也是为什么，科比拥有冷血的杀手般的本能，为什么他能在职业生涯的最后一战里还投出50球得60分，因为他在球场上的开始就是一个人打球。你怎样开始，就怎样结束。在6岁时你遇见了什么，在你个性形成最重要的时刻，这些就会烙刻进你的整个人生。

初读这本书的时候，我的女儿苹果才4岁。科比的故事告诉我，如果我想让她长大后变成一个甜美、温和、平静、与世无争的姑娘——是的，这就是我对苹果的期待，我只期待她有平静、幸福的生活，而不奢望她有朝一日成为谁，不想让她去经历那些磨砺——我最好不要带她在10岁以前移往一个陌生的环境。在那个时段，刚刚开始向这个世界学习的她应该在最熟悉的环境里，和我们，也和她最喜欢的小伙伴们在一起。她会因此满足和幸福，也会因此更平和。可伟大，往往伴随着偏执，诞生于孤独和痛苦。

这就是我在《少年科比》中的发现。你也会在这本书里，发现你从未发现过的，也许是故事，也许是别的什么。

感谢管老师，感谢最特别的这本科比。

N

米兰
Milan

威尼斯
Venezia

都灵
Torino

雷焦·艾米利亚
Reggio Emilia

皮斯托亚
Pistoia

佛罗伦萨
Florence

意大利

里耶蒂
Rieti

罗马
Roma

那不勒斯
Naples

撒丁岛
Sardinia

雷焦·卡拉布里亚
Reggio di Calabria

西西里岛
Sicily

少年科比
Rising Kobe
引子

在讲述科比的故事之前,我们先来聊一聊他的名字。

这是一个很特别的名字,或者说,这本来不是一个人名。这是科比的老爸乔·布莱恩特这辈子最伟大的"发明"。

Kobe是日本第五大城市神户的英文名,如果分解开来,"ko"的意思是神,"be"是门户,神户之所以有名,很大程度上是因为这里出产全世界最优质的神户牛。

神户牛非常昂贵,因为它们在成长过程中要喝矿泉水,吃山坡上夹杂着草药的牧草,还要喝啤酒来提高食欲,养牛人还必须经常给它们做按摩,让它们听音乐来陶冶情操也是每天要做的功课。

1978年,乔·布莱恩特是NBA球队费城76人队的一员,他和妻子帕梅拉,也就是科比的妈妈,非常喜欢费城的一家日本餐厅,这家餐厅的招牌菜就是美味的神户牛排。当时,帕梅拉已经身怀六甲,乔·布莱恩特觉得科比这个名字上口很俏皮,因此给自己即将出生的儿子起名叫科比。

这只是科比名字由来的一个版本，还有两个版本是这么说的：

有一个说法是乔·布莱恩特去过一趟菲律宾，在那儿品尝到了神户牛排，并留下深刻印象，从那时起就决定给自己的儿子起名叫科比；另一个版本是布莱恩特夫妇并不是那么喜欢神户牛排，他们只是偶然在菜单上看到了这个名字，觉得很好听……

无论如何，这就是我们这本书的主角——过去15年NBA最伟大的明星。如今，人们提到科比，不会想到牛排，也不会想起神户，这个名字已经成了一个时代的符号，也成了很多美国父母为孩子起名的选择。

1997年，科比进入NBA的第一年，科比这个名字第一次跻身美国最受欢迎的1000个男孩名字之列，位居第553名；又过了4年，科比成了美国最受欢迎的222个男孩名字之一。有统计显示，自从科比进入NBA以来，有超过1.7万个美国家庭，给自己的小孩起了科比这个名字，足见科比·布莱恩特有多大的影响力。

在科比成名之前，关于科比这个名字，还有这样一段故事：

1992年，布莱恩特一家已经从欧洲回到美国，科比在费城的劳尔·梅里恩中学读书。那时你从科比身上还看不出一丁点篮球天皇巨星的影子，他只是一个高挑但极瘦的14岁男孩，由于刚从海外归来，说话时带有浓重的意大利口音，因此总是遭到嘲笑，同学们还给他起了个"欧洲人"的绰号。

一天，科比一个人坐在餐厅的角落里吃午餐，他在劳尔·梅里恩中学还没有交到朋友。一个大块头来到他的桌子旁。这孩子叫罗杰，身高体壮，大家都怕他。

科比抬头看了看罗杰，问：“什么事？”

罗杰问：“你的口音怎么那么搞笑啊？”

“我在意大利长大，我们家在那儿很长时间。”科比很有礼貌地回答，拿起餐盘准备离开。

但罗杰挡住他的去路，问：“那你的名字是什么意思？我从没听过这样的名字。”

科比的眼睛盯着餐盘，说：“名字是我爸爸取的，来自日语。它的大概意思是，‘牛排之王’。”

罗杰根本就不管什么“牛排之王”，说“我的伙伴儿跟我说，他们总看见你打篮球。想来场‘斗牛’么？”

科比的目光从餐盘移到罗杰身上，他打量了一下这个对手。然后，罗杰第一次见到了科比的笑容。

室外篮球场，虽然已是早春，但费城的冬天很长也很冷，场边的积雪尚未消融。

一群十几岁的孩子围着半块篮球场地，都是罗杰的朋友，他们吹着口哨，又闹又笑，说：“罗杰，哥们儿，下手轻点儿，别让‘欧洲人’去医院。”

很快，罗杰的死党就再也笑不出了，因为他们发现，罗杰根本连还手的机会都没有。

科比击败了，不，怎么说呢，应该说是在篮球场上摧毁了罗杰，彻头彻尾，丝毫不留余地。他一次次变向、转身，轻松过掉罗杰上篮得分，之后，他似乎厌倦了这种低难度的得分方式，于是开始急停跳投，转身跳投，在三分线外完成高难度的后仰投篮，几乎全部命中。最后一球，科比再次过掉罗杰，扣篮得分。

在铁质篮网的震颤声和伙伴们的惊叹声中，被晃得坐在地上的罗杰，还听到了这样一句话："哥们儿，记住，'牛排之王'。"

现在，你记住科比这个名字了吗？那就让我们乘坐时光机，去看看他的童年，他在意大利的生活，他的精彩故事吧。

· 2015 年 12 月 1 日　费城　富国中心球馆 ·

科比职业生涯告别之旅的第一站。现场展示了科比就读过的劳尔·梅里恩高中的队服，他在这所高中时
的教练克格雷·唐纳，还有 NBA 传奇人物朱利叶斯·欧文，一起到场。这场比赛，科比所在的洛杉矶
湖人以 91:103 输给费城 76 人，赛后他向费城球迷挥手致敬。

· 2001 年 洛杉矶 斯台普斯中心 ·

科比的出生地是费城，但在 NBA 赛场，阿伦·艾弗森却是这座城市的主人，也是科比职业生涯前半段
最大的对手。

Chapter 01
小小孩科比

就算是再伟大的人物，也是从小小孩一点一点成长起来的，他们小时候也会哭着要奶喝，也会哼唧着找妈妈抱抱，也需要让大人帮他洗屁屁，科比也一样。

1978年8月23日，科比在美国宾夕法尼亚州的费城出生。他是这个家庭的第五位成员，爸爸叫乔·布莱恩特，妈妈叫帕梅拉，科比还有两个姐姐，沙莉雅和莎雅。

科比和两个姐姐，都继承了爸爸的身高和运动基因。乔·布莱恩特身高2.06米，成年后的科比1.98米，沙莉雅和莎雅则分别有1.78米和1.86米。他们都是非常出色的篮球运动员，沙莉雅还曾经入选美国女排国家队的30人大名单。

小科比的降生，让这个原本就很快乐的家庭又增加了无尽的快乐。爸爸妈妈给了他无条件的爱，两个姐姐也把他当成最有趣的"玩具"。据爸爸后来回忆，婴儿时期的科比爱动爱笑，在所有玩具中最喜欢各种小球。不到1岁，科比就奉献了人生中第一次扣篮——爸爸抱着他，他抱着小号篮球，把球扣进了自家后院的篮筐。

就这样，科比和篮球的型号一起长大。他的生活中篮球几乎无所不在，他1岁那年，爸爸带着全家搬到了圣迭戈，那里气候暖和，很少下雨，在南加利福尼亚的阳光里，人们经常看到小科比抱着篮球跑来跑去的样子。

爱上NBA

小科比渐渐爱上了NBA比赛，从最开始只看乔·布莱恩特所在的球队比赛，到后来只要电视上有NBA的节目，他都会要求不要换台。3岁那年，科比已经向家人和小伙伴们宣布，未来，他会进入联盟，成为一名NBA球星。

除了爸爸，科比最喜欢的NBA球星是埃尔文·约翰逊。这位湖人队巨星天赋异禀，球技惊人，篮球在他手里就像是魔术戏法里的道具，因此得到了"魔术师"的绰号。1982年，科比在电视机前亲眼见证"魔术师"得到了他在湖人队的第二个总冠军，科比成了湖人队球迷，从那时起，科比不知多少次在睡觉之前想象过自己身穿湖人队球衣在NBA里打球的情景，在梦里，他也梦到过自己在湖人队主场球迷的欢呼中，举起NBA总冠军奖杯。

30年后，也就是2012年，"魔术师"约翰逊在接受ESPN（娱乐与体育电视网）采访时表示，他认为科比是湖人队历史上最伟大的球员。"魔术师"的观点立刻得到了杰里·韦斯特的赞同，后者同样是湖人队历史上最耀眼的明星之一。这个时候的科比，已经为湖人队拿到了5个总冠军。

科比为什么这么厉害？他对篮球的爱有多深？我们会用一整本书告诉你，不过，现在可以先看一个小小孩科比的故事，也许从中你就能得到一部分答案。

02
最让人惧怕的是恐惧本身

1982年，当时4岁的科比，在休斯敦报名参加了一个柔道俱乐部。他学得不错，很快就升到了黄带[1]。一天，道场的师父叫来科比，让他和一个啡带的孩子对战。

"他又高又大，比我壮太多了，而且他的水平又比我高……"科比对师父说。但师父还是坚持说："你去和他打。"

于是，科比走到垫子上，系上发带，戴上红色的小手套。其他小伙伴围在四周，观看这场实力悬殊的较量。最终的结果是，科比输得很惨，但他也有几次不错的成功打击。科比后来常常想起这件事，"比赛完，我坐在地上想，'原来最后的结果也没有想象的那么糟糕嘛！那些看上去特别厉害的人，其实也不一定比你强多少。即便他们有比你强的地方，但你也有比他们强的

---

1. 柔道共分为六级十段。一至六级的色带分别是：六级白带，五级黄带，四级橙带，三级绿带，二级蓝带，一级啡带。一至十段色带分为：一至五段为黑带，六至八段为白带，九至十段是全红带。

地方'。很多时候，最让人惧怕的，其实就是恐惧本身，而不是实际会发生的事情。'没什么可怕的。'之后，我总会这么对自己说"。

Chapter 02 "制造"科比的人

科比·布莱恩特，身穿快船队的23号球衣，兴奋得又蹦又跳……这并不是虚构的场景，绝对是真人真事。

湖人队球迷别介意，因为那时的快船队，还不是你们的同城死敌。1981年，快船队还是圣迭戈的球队，当时那支球队的23号，就是科比的老爸乔·布莱恩特。

3岁的科比，是爸爸的头号球迷。他穿着老爸的球衣在家里跑来跑去，只有爸爸的比赛能让他停下来。他模仿爸爸的一切，当爸爸出手一个跳投，科比也会把他的小号篮球投出去。当爸爸成功过人杀向篮下，科比也会运着球，过掉想象中的防守球员，把球扣进迷你篮筐。爸爸坐在板凳上休息，科比也会坐下。爸爸拿过饮料来喝，科比也会抓起他的小水壶喝水。

此时的科比，已经明确了他的未来：成为篮球明星，就像爸爸那样。

01
"果冻豆"

　　乔·布莱恩特成名甚早。他在费城的各大篮球比赛中威风八面，而且很早就得到了"果冻豆"这个绰号。人们为什么叫他"果冻豆"？连乔·布莱恩特自己都已经不太确定。也许是因为他爱吃糖果，也许是因为他的过人动作像果冻一样顺滑。

　　乔·布莱恩特（以下简称"乔"）的父亲，也就是科比的爷爷，乔·布莱恩特一世，身高1.95米，年轻时也是费城篮球名将。乔继承了父亲的球技，也继承了父亲的性格：随和，爱开玩笑，有点玩世不恭。他们都把人生当成一段有趣的冒险。这样的性格让乔很好相处，却总让他的教练摇头叹息。他在拉萨尔大学的教练保罗·韦斯特海德说："当时人们都认为，球员在篮球场上就应该怒目圆睁，而且一定要扎扎实实地打球，不能耍花样，但显然，乔根本做不到。"

　　乔·布莱恩特大二那年，拉萨尔大学的倒数第二场比赛，对手是死对头拉法耶特学院。只要取胜，拉萨尔大学就将杀入NCAA（全国大学体育协会）全国淘汰赛。

　　比赛还剩最后2分钟，拉萨尔大学领先8分，乔·布莱恩特抢断得手，夺回球权。当时的NCAA禁止球员扣篮，如果有球员违例，对手就将获得两次罚球机会。但这并不能阻止乔。

他高速运球，冲向篮筐，高高跃起，完成了一记精彩的双手暴扣！全场惊呼。观众们已经太久没在大学赛场上看到扣篮，这个时候，送给对手2分似乎已经不那么重要了。

对手罚球时，韦斯特海德教练狠狠瞪着乔，眼睛里几乎能喷出火来。但乔还是笑嘻嘻的，他这样向韦斯特海德解释："教练，我不得不扣这个篮。我已经等了一整年了。"他指了指看台上欢呼雀跃的球迷，说："他们也等了一整年了。"

最终，拉萨尔大学仍然以7分的优势赢得了比赛，但很多年后，被问起为什么乔·布莱恩特只在NBA度过了8个不成功的赛季时，韦斯特海德又提起了这段往事，"如果乔能像他儿子那样认真对待比赛的话，他必将成为超级明星"。作为乔的恩师，韦斯特海德并不否认乔拥有无与伦比的天赋，"如果25岁的乔和同样25岁的科比来场一打一，我真的不能确定科比能赢"。

02 怀才不遇

1975年，乔·布莱恩特离开大学，进入NBA。他被勇士队选中，但他家乡的费城76人马上通过交易得到他，以此取悦本地球迷。但乔获得的机会非常有限，毕竟这支球队拥有这些明星：人称"J博士"的朱利叶斯·欧文、绰号"巧克力炸弹"的达瑞尔·道金斯以及1973年选秀状元道格·科林斯。

从小就一直享受明星待遇的乔，逐渐失去了耐心。他认为教练不尊重也不了解他，"让我打替补大前锋简直就是浪费我的天赋和时间"。他甚至开始嫉妒"J博士"，说："很多相同的动作，我会被吹走步，'J博士'就不会；有人说我自私，但'J博士'不也拿着球不松手？为什么'J博士'每场能打40分钟，我却只能打4分钟？"

1979年，怀才不遇的乔被交易到圣迭戈快船队。3年后，火箭队得到他，但很快就把他裁掉。

生不逢时

为什么乔在NBA无法成功？曾在火箭队执教他的德尔·哈里斯和他在快船队的教练保罗·西拉斯都认为，乔太想表现自己，总想在场上用花哨的动作和传球取悦观众，因此无法得到教练的信任。但乔却对这种说法不以为然，说："约翰逊的传球也很花哨，人们叫他'魔术师'。为什么我传得花哨了，就无法得到信任？"

其实如果以当今篮球的"世界观"来衡量，乔的确是一位难得的人才。他兼具2.06米的身高、超人的身体天赋、出色的射程以及像后卫一般的运球和传球能力。乔的前队友史蒂夫·米克斯说："如果乔是在唐·尼尔森[2]手下打

2.唐·尼尔森，NBA著名教练，他不但是历史上取胜场次最多的教练，同时也是很多打法和概念的创始人。尼尔森有很多疯狂的想法，并在比赛中付诸实践，组织前锋、无位置篮球，这些都是尼尔森教练的发明。人们给他起了个绰号，叫做"疯狂科学家"。

球，也许他就会成为超级明星；如果他在现在的联盟效力，也许他会入选全明星。但当时的NBA，至少是他效力的那几支球队，确实无法欣赏他的比赛方式。"

何止是不欣赏，很多人对乔的比赛风格简直嗤之以鼻。篮球畅销书作家罗兰·拉岑比在其2000年出版的《疯狂比赛》一书中这样写道："乔·布莱恩特就是个傻瓜，他自己断送了NBA生涯。"拉岑比还采访了杰里·韦斯特，让他对比乔和科比，韦斯特说："他俩是完全不同的人。乔的外号叫'果冻豆'，这或许并没有什么贬义，但至少说明他肯定不是什么硬汉。"

1983年，乔被火箭队裁掉。1984年，他发现没有NBA球队联系他，他失业了。这时，电话响了……

这儿，有空，正好写点什么

科比的爸爸被软禁了

乔·布莱恩特很难相信，以他的身体天赋和篮球技术，在30岁的当打之年，自己竟然失业了。

几乎整整1年，没有NBA球队联系他，甚至连试训邀请都没有。NBA并没有忘记乔，还是会有人谈起他，但球队的管理层和教练们都把他形容为"一个疯子"——他总是在笑，对所有人都很亲切，一点都不像一位职业篮球运动员。他也许有不错的天赋，但他从来不爱防守，进攻中也总会用杂耍般的运球和传球去取悦观众。

乔也听到了这些评价，但他并不在乎，更不愿意去改变自己。他没有给过去的教练和队友打电话。主动求职？这哪儿像球星干的事儿？！

01
一个改变人生的电话

乔不愿意打电话，但他接到了一个改变自己人生，也将改变科比人生的电话。

电话来自索尼·希尔，他以前也是职业球员，退役后成了电视评论员，他对乔说："'果冻豆'，离开美国，去欧洲吧。那儿的人会欣赏你的。"

乔是天生的乐天派，对于即将到来的新的冒险，他充满期待。于是，他登上了飞往意大利的飞机，参加里耶蒂塞巴斯提亚尼俱乐部的试训。接待他的，是一位名叫迪法奇的老资格经纪人，他早就听过乔的名字，美国篮球圈的朋友告诉他，这是"一个疯子"，迪法奇的反应是："如果他真是像你形容的那种"疯子"，那我就要他。"

在意大利的海岸小镇，乔·布莱恩特接受了试训，并马上打了一场热身赛。酷暑，长途旅行，一年都没有参加正式比赛，这一切都没能阻挡乔的惊艳表现。他充分发挥了自己在进攻端的天赋，从上场的那一刻起，就成了全场的焦点和最闪亮的明星。他能从任何角度命中投篮，他的运球和传球让队友和对手感觉他像来自另一个星球。看台上的迪法奇向自己的助手狂喊："我的妈妈呀，这家伙简直就是个现象级的球员！"

热身赛期间，已经有其他意大利球探瞄上了乔。正当其中一个球探和乔在场边搭话时，得到情报的迪法奇冲上去，直接用里耶蒂方言打断两人谈话，用非常粗暴简单的方式将那位同行轰了出去。为了避免在正式签约前出现更多搅局者，迪法奇不得不将乔"软禁"在旅馆房间内。他很清楚里耶蒂塞巴斯提亚尼俱乐部的财力，如果竞争乔·布莱恩特的球队多起来，他们就无法如愿签下这位天才球星。他明确告诫里耶蒂队的管理层，"不要让任何人进入布莱恩特先生的房间。不论任何原因，决不能让他接听任何电话。"

里耶蒂队为乔准备了一份4万美元的合同，即便在当时，这也是难以想象的低价。要知道，里耶蒂队上赛季签约的那位名叫萨培尔顿的不知名的牙买加球员，就花了他们10万美元。

但乔还是毫不犹豫地在合同上签字。一方面，他急于在篮坛复出，证明自己的实力；另一方面，意大利人对他的热情感染了他，而且他认为相比于在NBA效力，在意大利打球能让他得到更多陪伴家人的时间，他说："NBA是每个篮球运动员的梦想，但我对常年的长途旅行已经厌倦了，我希望能更多地和自己的家人在一起。"

他尤其渴望能有更多时间陪伴自己唯一的儿子科比。乔的直觉是，这孩子身上有某种特别的东西：只要一看到篮球，那双眼睛里就会燃起某种热烈的激情；他极度渴望模仿父亲，渴望从篮球中得到乐趣，这种激情和渴望与同龄的男孩毫无二致，但其中更有着某种不同的东西……

02
无与伦比的乔

整个里耶蒂城都在期待布莱恩特一家的到来：一位前NBA球星、他美丽的妻子和他们的三个孩子。里耶蒂人已经打听得很清楚，乔在大学时就是一位出色的篮球得分手，进入NBA后，他连"J博士"这样的超级明星都不服。

他们也知道，乔的妻子帕梅拉曾是一位模特，他们俩很小就认识，双方祖父的房子住在相邻街区，很早就开始约会，结婚时他们都很年轻。他们甚至知道帕梅拉的哥哥约翰·考克斯也是篮球名将，也在NBA打过球。在那个信息非常闭塞的时代，能打听到这些，足以说明里耶蒂人对布莱恩特一家有多么浓厚的兴趣。

很难说乔和帕梅拉谁在当地更受欢迎。乔是里耶蒂历史上最大牌的篮球明星，但帕梅拉是所有人心目中的女神。帕梅拉身材高挑，脸上总挂着完美的微笑，在任何场合都不忘展示精致的打扮。每次现身，她都像一位异域女王降到凡人中间：她美妙动人，同时也高贵而令人感觉遥远。生育三个儿女并未改变她女神雕像般的身材，她依旧漂亮得让人敬畏。

从乔的主场首秀开始，帕梅拉的出场就成为当地人不可错失的大事件。她总是在开球前几分钟才进入赛场，双手牵着两个女儿，小儿子科比紧跟在母亲身后。她并不是进场，而是在走台步，她的魅力如此令人心动，连女性都为之屏住呼吸。

这期间，她的丈夫乔在当地已被视作一位王者。"果冻豆"不见了，取而代之的是"无与伦比的乔"。他甚至成为整个意乙联赛的明星。俱乐部专门为他们租下一栋别墅，位于马利亚尼大街33号。别墅临街的一侧有木制栅栏围住花园，底楼是客厅，卧室在二楼。帕梅拉第一眼就对它十分满意。整整2年时间里，那栋别墅成了布莱恩特之家。

"他不可能超越他父亲"

　　在科比后来的记忆中，他在意大利的生活是封闭而孤独的：

　　爸爸决定去意大利打球，我当时只有6岁，在这个年纪哦也只能跟着爸妈走。我来到一个语言不通，完全陌生的环境，我离开在原来城市所结识的朋友，到这里一切又得重新开始。我在孤独中长大，那并不是一个适合我的环境。我是那里唯一的黑孩子，我不会说那里的语言。我也会交朋友，但我从来不是群体中的一分子，因为其他孩子都是一起长大的。

　　所以我宁愿独自一个人，待在球馆里看比赛，当球童。我会一直坐在篮架下面，手里拿着那种清理球场的拖把，要是地板很滑或者有什么汗水，我会一滴不剩地给抹干净，确切地说那个时候的我真的手忙脚乱。

　　爸爸会尽量在睡觉前帮我穿好衣服，如果要去训练，这样就不会迟到，他一天要训练两次。我也想去，但他不准，所以这个时候我就会溜出去打篮球。那是我一直以来最喜欢做的事情。那是我的失乐园，在这里我可以找回熟悉的感觉。不管我是在哪个地方，这都没关系；不管我跟这些小孩混得好不好，这都没关系，因为球一直在我手里。所以我会经常拿着球骑着自行车去公园练投篮，这样的经历让我孤寂的心灵找到了某种慰藉。[3]

01 依赖篮球

但科比的爸爸妈妈以及两个姐姐都觉得，科比的童年，根本没有这么凄惨。为什么他们会有截然不同的看法？或许我们可以这样理解：科比心中的孤独感是存在的，毕竟一个6岁的孩子进入完全陌生的环境，不会那么快地融入。也正是因为这种孤独感，才让他对篮球有了超出常人的依赖。但是，当时的科比毕竟是个孩子，除了篮球，吃喝玩乐才是更重要的主题，篮球也可以被看作玩耍的一部分。再说，当时科比虽然没有特别好的玩伴，但他毕竟还和爸爸妈妈以及姐姐在一起。意大利的生活，毕竟还是充满阳光。

在里耶蒂人眼中，布莱恩特一家是如此的与众不同：乔是篮球场上的王者，而帕梅拉简直就是一位黑肤色的美神。当地居民争着抢着邀请布莱恩特夫妇俩去自家吃午餐或晚餐，甚至几乎为此发生口角。乔完全可以携着妻子的手在里耶蒂大街上漫步，口袋里无需准备一分钱。无论走到哪里，都有人邀请他们。咖啡店会赠送他们咖啡，餐厅会为他们免单，糕点店还让他们给

3.科比的这番话，来自科比的纪录电影《缪斯》。

孩子们捎点心和甜品回去——怎么可以让这样一位球星掏钱呢？

02 体验一种全新的文化

6岁的科比，对新环境既陌生，又充满新奇。姐姐莎雅回忆说："科比喜欢每天上学，更让他开心的是全家人每天生活在一起，每天都能见到爸爸。"

布莱恩特一家在意大利遇到的第一个问题是，里耶蒂当地没有用英语教学的学校。迪法奇提议让姐弟三人去罗马北部的美国学校上学。俱乐部可以让球队助理教练开车接送孩子们，每天一早来接，下午把他们送回家。但布莱恩特夫妇不是那种小心翼翼的父母，相反，夫妇俩的思想非常开放和现代。他们不想活在自己的小世界里，更不想在意大利延续美国式生活。他们渴望了解和体验一种全新的文化，无论语言、传统甚至肤色的障碍有多大。

让科比、沙莉雅和莎雅奔波160公里去首都上学，这在布莱恩特夫妇看来有些荒唐，还不如让孩子们就在里耶蒂当地上小学。这样他们有更多时间待在父母身边，而且能够更快学会意大利语，融入新环境。

他们为姐弟三人在古利耶摩·马尔科尼小学报了名，布莱恩特夫妇坚信这个决定是正确的。

几个月后，这得到了证实。小科比和姐姐们既腼腆又渴望着了解这个全新的世界。每天下午放学，姐弟三人都会回房间里复习新学的意大利语单词。结果相当惊人：只需几个礼拜，姐弟三人就开始担任父母的翻译。对于初到里耶蒂的帕梅拉和乔而言，这相当重要。如果没有语言沟通，当地人的热情和关爱对夫妇俩来说可能不太好理解，毕竟他们习惯的是冰冷的美式职业环境。

03
戈比，快闪人！

里耶蒂人亲切地称呼小科比为"小东西"。他对篮球极度痴迷，玩球的时间总是超长，最后连妈妈都看不下去，让他别再玩了。这时候，"小东西"就会翻下阳台，从别墅的后门偷溜出去，迅速穿过一条对行人来说非常危险的车道，钻进某修道院后院的空地上继续投篮。

科比的意大利同学都很喜欢足球，他也会踢上几脚，曾有人说过，高高瘦瘦、身手敏捷的他，很可能会成为一位优秀的守门员，就像后来效力于AC米兰队的著名门将塞巴斯蒂亚诺·罗西。但篮球才是科比的最爱，谁也别想从他手中或脑袋里抢走篮球。

在爸爸的比赛的间隙，小科比总会趁妈妈不注意，偷溜进比赛场地。尽管篮筐对当时的他来说还太高，但这丝毫挡不住他的热情。他会在暂时空出的赛场上运球、投篮、假动作。为了能让比赛重新开始，俱乐部工作人员总得费劲赶"小东西"出场。可怜的迪法奇用浓重的意大利语口音喊着科比的名字："戈比（科比的意大利语发音），戈比，快闪人！"

小科比只听妈妈的话。只有当母亲大人从看台上下来，他才乖乖跟她回到看台上。但是只要休息时间一到，他又会重回篮架下方。"他投的球都还没法碰到篮筐，"迪法奇回忆说，"但他还是不断尝试着投篮，他甚至要从三分线外投。那时候他的运球就已经相当漂亮了。他对每个人都说：'我以后要在NBA打球。'"

他也对菲尔·梅里洛这么说过，当时梅里洛是乔·布莱恩特的队友。梅里洛回忆说："当时我就寻思，这小家伙将来真能变得和他那2.06米的父亲乔一样优秀吗，他也可以在篮球场上无所不能吗？不，我感觉他不可能超越他父亲。这是我当时给出的答案。"

这儿，有空，正好写点什么

Chapter 05

一个孩子打，九个孩子哭

　　一天，乔·布莱恩特把科比带到了里耶蒂少儿篮球队，对教练克劳迪奥·迪法奇说，希望能让科比试试。克劳迪奥是乔的经纪人老迪法奇的儿子。

　　克劳迪奥挠头，也有点担心："我队里的孩子都是 1975 年出生的，科比是 1978 年出生的。一个比其他孩子都小 3 岁的萝卜头，我该怎么教他？"克劳迪奥的担心不无道理：当时科比的身体非常单薄，这么大的孩子，每几个月都会变个样，3 岁的差别，就已经非常大了。科比会不会受伤？这才是克劳迪奥最担心的问题，他还来不及去想科比能不能打好球呢。

　　但克劳迪奥又不能不收科比，他说："他毕竟是乔的儿子，而乔在里耶蒂又是那么受欢迎。当乔微笑着说'请'的时候，这座小城没人会拒绝他。"克劳迪奥给了科比一个篮球，然后，让他震惊的事情发生了，他说："训练开始 5 分钟后，我不得不站到一旁，因为这孩子的水平已经超出大他 3 岁的队友们。其他男孩投篮时，只能把篮球放到与肚脐齐高的位置发力，而小科比已经能从更高的位置发力……"

在克劳迪奥执教的少儿篮球队训练了几个月后，科比参加当地的一项杯赛，普拉斯蒙杯赛。克劳迪奥劝说组织方接受小科比参赛，尽管他的年龄有些偏小。"第一轮比赛才开始几分钟，我们队就10:0领先，篮球一直在科比一个人手里。他既不让对手得球，也不传球给队友，他只是不断投篮得分，不断抢篮板，又再得分。"

那时出现了一幕奇特的景象，场上有9个男孩哭了：5名对方队员哭是因为得不到球，而科比的4名队友哭，则是因为他从不传球给他们。

场边的家长看见自己的孩子哭了，便大喊大叫地抗议："够了，把这家伙赶走。他让别人都没法玩了。你们应该让所有人都有机会参与，这样下去的话，谁都得不到乐趣。"克劳迪奥考虑了几秒钟，才叫住小科比。"我换下了他。他非常生气，甚至不回替补席，而是直接去看台上，哭着找他妈妈。才6岁，这家伙就已这么有个性了……"

但小家伙的情绪还没完。到了给每位参与者颁发奖牌的时刻，没有科比的奖牌。克劳迪奥甚至有些慌，小科比还不知会怎么生气呢……

01
欢乐和阴郁

"他可不好糊弄。"克劳迪奥说，"最终，我不得不从另一个男孩手里要到——或者说抢到——一块奖牌，给了科比。还好，这孩子尽管老大不情愿，但还是愿意给我。小科比看上去比实际年龄要成熟至少5岁，还有些沉默寡言。"

如果把30岁的乔和30岁的科比放在同一时空，你一眼就能看出他们的不同。

乔是欢乐的，甚至可以说是欢快的，他的脸上总是带着笑容，待人和蔼可亲，把取悦别人当成自己最大的快乐。相对来说，科比会给人一种阴郁的感觉，他身上会带着一股杀气，很多人甚至会害怕和他接触。

篮球风格，父子二人也迥然不同。乔的打法很花俏，崇拜他的人会说，乔的运球和传球透着一种天才特有的美感；但不欣赏他的人也会说，乔的篮球打得华而不实，除非天赋有绝对优势，否则发挥不出太大的威力。科比也有华丽的技巧，但他的风格更直接、更简练实用。如果说乔像是欧洲篮坛的"魔术师"，那么科比则像球场上的杀手，一击致命，他的对手甚至没有反应的时间。

乔和科比另一个令人一目了然的不同就是，乔从来不爱防守，这是他在NBA失业的重要原因之一，到了欧洲，也没什么改变。在赢得一场比赛和呈献一场表演之间，乔会毫不犹豫地选择顺从自己的天性。科比对自己的要求，是在球场两端统治对手。对手哪位球员的表现好，不论你是组织后卫还是小前锋，只要被科比盯上，那你后面的比赛肯定不好过。

02
第三位偶像

我们都知道，乔是科比在篮球场上的第一个偶像，科比总是会模仿爸爸；科比的另一个偶像是"魔术师"埃尔文·约翰逊，他的比赛风格跟乔有一点点接近。那么，为什么科比的比赛风格和爸爸以及"魔术师"有那么大的区别？让我们看看他的第三位偶像是谁——

这是一个叫做丹·盖伊的美国人。盖伊和乔一样，都效力于里耶蒂队。盖伊当年才23岁，但性格温和，球风稳重，本身适合多个角色，但多数时候还是打中锋。

乔只钟情于投篮得分，而身高2.07米的盖伊负责拼抢每一个篮板球，无论球弹向怎样糟糕的方向。苦活累活都由盖伊承包了，乔在场上就得以完全放开手脚，运用他在NBA遭到嫌弃的打法，在意大利赢得众多球迷的青睐。花钱买一张球票看里耶蒂队的比赛，球迷们绝不会后悔。

盖伊后来娶了一位意大利姑娘为妻，并一直留在意大利，先后效力于多家意大利篮球俱乐部，还加入意大利国籍，1997年代表意大利国家队获得欧锦赛银牌。此后他还担任过意大利国家队领队，目前往返于意大利和美国之间，与一家跨国经纪公司合作。盖伊回忆起当年与乔一起在里耶蒂队的日子，"那时我们把球队当作第二个家，训练结束后我们会在场上再待三四个小时。不像今天的球员，2小时的训练一完就急着冲凉回家。我们十分享受训练后留在场内的时光，去感受那种氛围。当年我还年轻，总想着要加练。就在那时，科比见我有空闲，总跑来找我单挑"。

那个上小学一年级的6岁"小东西"，似乎血液里流淌着天生的挑战欲望。如果说父亲乔是他的偶像，盖伊对他则意味着全然不同的风格。乔的打法是花哨的，是巴洛克式的；而盖伊呈现给科比的，是一种精微具体甚至精确的作风，几乎堪称篮球教科书，简单却极具杀伤力。

"我发现乔的儿子喜欢我的作风，他总是认真观察我的扣篮和脚下所有的移动。他爸爸是个得分手，一个天生的表演者，但科比也喜欢看我打球。他认真学习如何用不同的技术战胜对手。于是他直接跑到我跟前，要和我比赛。我接受挑战，和他一对一。"

乔的教练和队友都不愿错过这个日常表演：一个2.07米的大个子和一个"小东西"的对决。"小东西"在对决中十分认真，甚至严肃，这总能把盖伊逗乐。

这儿，有空，正好写点什么

Chapter 06
科比和另一位超级明星

  乔·布莱恩特的表现越来越好，状态达到了职业生涯的顶点。1985年2月13日，他当选意甲和意乙全明星赛MVP。里耶蒂人把他当作篮球的王者，他们会在看台上唱："谁稀罕'魔术师'和贾巴尔，我们的乔比他们强！"对此，乔发自心底地感激："就算现在有NBA球队给我一份大合同，我也不走了！"

  科比也逐渐融入了里耶蒂的生活。

  里耶蒂队领队帕斯库埃蒂至今仍忘不了在自家举办聚会的那个下午，精力旺盛的"小东西"在母亲陪伴下到席的场景。小科比一身西装革履，还打着蝴蝶结。

  "我经常请他来家中。那次聚会是为了我儿子阿尔弗莱德的生日。聚会开始没多久，'小东西'为了逗乐大家，开始在大厅中央跳起霹雳舞，在我们这个小地方，还从没见过这种舞蹈……他扑到地上，像着了魔似地舞动身躯。我问我儿子：'这家伙在搞什么鬼？'"

  那时的科比散发着美国气质，而他身上的意大利特质半小时后才凸显出来。帕斯库埃蒂的岳母着急得把女婿叫到厨房一角，不无担忧地悄声问："那小子吃光了所有的炸薯条，我们该怎么办？"

帕斯库埃蒂很快成为布莱恩特一家的好朋友，有什么需要他们总会向他求助。"他们刚来时还是个典型的美国家庭，科比发烧40摄氏度，我们似乎比他们夫妻俩还着急，特地找医生去他家。但他们却认为孩子不大舒服很正常，并不为此过分紧张。"

01
造就了更强大的我

布莱恩特夫妇结识了另一个美国黑人家庭——哈维·凯琴斯一家。哈维·凯琴斯（以下简称"凯琴斯"）的篮球生涯与乔·布莱恩特有些相近，在NBA分别效力过费城76人队、新泽西篮网队、密尔沃基雄鹿队和洛杉矶湖人队，之后，他也来到意大利，签约东北部海边小城的戈里奇亚俱乐部。凯琴斯也有一儿两女，和乔一样，他也希望子女们吸收和了解意大利文化。

凯琴斯的两个女儿，一个叫桃卡，一个叫塔米卡。其中塔米卡出生于1979年，比科比小1岁。因从小就有听力障碍，她一直戴着助听器。这个麻烦并未让塔米卡放弃童年的欢乐，也没有阻止她成为一名超级明星。塔米卡和科比一样，渴望走父亲的道路，梦想成为一名伟大的球员。她做到了：2011年她赢得WNBA总冠军，三次帮助美国女篮获得奥运冠军，还曾在2005、2006、2009和2010年四次当选联盟年度最佳防守球员。2012年她还加盟中国女子篮球联赛'WCBA'的广东队。

2011年，在塔米卡的自述中，她这样写道：

篮球圈都知道，我一出生就有听力障碍，两只耳朵都不正常。小时候，我清楚地记得，因为戴着两个巨大、沉重的助听器，再加上语言表达的问题，我没少受到嘲笑；每一天对我来说都是巨大的挑战，我经常会想，如果我是个正常的孩子该有多好。

就在这时，体育进入了我的生活。在课堂里，同学们会因为我与众不同嘲笑我，但在球场上，他们却不能。因为在那里，我比他们练得更苦，我比他们更强，就这么简单。

三年级那年，有一次打球，我把助听器扔到了球场上。不用说，我爸妈很不高兴，于是他们做出了一个改变我人生的决定：不给我买新的助听器。

之所以说这个决定改变了我的人生，是因为我不得不依靠自己的力量去解决问题。为了能在课堂上更多地听到老师讲课，我换到了前排；为了能补上那些没有听到的内容，每堂课之后，我都要追上老师，要求他们单独辅导……

时光飞逝，我进了大学。有一天，在田纳西大学的训练室里，我的教练帕特·苏密特和我们的训练师珍妮把我留下，帕特对我说："塔米卡，人们戴眼镜，是为了看得更明白；人们参加演讲培训班，是为了说话更流利；同样，戴助听器，是为了听得更清楚。你的人生有很大的目标，我们认为你最好戴回助听器，再去报名参加学校的演讲培训班。"

这是我人生中的另一个拐点。我开始再次戴上助听器，当然那时已经换成了更小更轻便的，我还参加了演讲培训班。能再次戴上助听器，我感觉好极了，因为我终于可以再次清晰地听到这个世界发出的声音，能去欣赏音乐，能听到亲人们温柔的呼唤。我戴着助听器走上训练场和球场，但没过多久，问题出现了：我出汗太多了，几乎每次打完球，我都得把助听器送到店里修理。

感谢现代科技，我有了可以在训练和比赛中使用的助听器，很快，我就习惯了它们的存在。甚至可以说，正是听力障碍让我成为了更好的球员——体育赛场上，观察能力至关重要，对于我来说，由于听力障碍，我有着比其他人更强的观察能力，我还可以做到预先判断对方的战术和球路。

球场外，听力障碍对我几乎没有任何影响，我会戴着助听器参加一些活动，但我也经常不戴它们，因为在平时的生活中，我靠读唇就可以知道别人在说什么。

小时候，我会因为和别人不一样感到难堪，我希望自己能融入别人的生活。但长大后，我会感谢上天创造我的方式，听力障碍并没有让我的生活变得很糟，反而造就了更强大的我。爸爸曾经对我说，每个人都是不一样的，如果每个人都为和别人不一样感到难过，那世界上就没有快乐的人。爸爸是对的。这也是我写下我的故事的原因，我想把快乐传递给每个人。不要因为你的与众不同感到难过，因为我们都是上天花了心思特别制造的。

意大利进口

同样来自美国，同样来到意大利，凯琴斯和布莱恩特一家结下了深厚的友谊，还不时结伴出游，比如去罗马和威尼斯。

两个家庭还有一张1986年在罗马古竞技场里的合影：照片里有塔米卡和母亲，以及科比与母亲帕梅拉。照片中8岁的科比背靠栏杆，神情有些严肃，似在望向一个未知的未来。

这张老照片激发了著名美国黑人导演斯派克·李的灵感，为此他在2015年春拍摄了一个名为《意大利进口》（*Italian Imports*）的纪录片，该片将科比·布莱恩特和塔米卡·凯琴斯推到镜头前，让他们讲述童年在意大利的经历。

这着实是一个让人惊喜的巧合，两个同样在意大利度过童年的孩子，同样回到美国，同样在美国乃至世界篮坛获得成功。科比在这段纪录片里对塔米卡半开玩笑说："或许那些年吃的意大利面里有些特别的营养……"而塔米卡笑着补充，"也没准是披萨里的。你还记得那些好吃到不行的披萨吗？"

纪录片的镜头前，两个儿时的好友开着玩笑，一起翻看儿时的照片，回忆在意大利那段无忧无虑的幸福时光，尽管那也是他们不断接受成长和培养的时段。"在意大利生活是一种与美国截然不同的生活方式，它打开了我们的视野，让我们相信没有什么是不可能的。在意大利，我和塔米卡就已学到今天我们仍保有的毅力和恒心。我很欣赏她在WNBA的表现。在国外成长并不容易，但这也能变成一件好事，从中获得的内心力量至今还存留在我们心里。"

科比在该片里的语气和语调均透露出他对意大利的感激与怀念，这是一个曾用爱和温暖接纳过他的国度。1986年的那个早晨，依靠着古罗马竞技场的栏杆，科比呼吸着的是浩瀚的历史，他想象着角斗士之间那些血腥残酷的厮杀，咆哮的狮子，嘶吼沸腾的观众席，那些还没准备好牺牲的人的哀求……罗马太美了。科比或许在想，留在里耶蒂也不错。

他居然敢骂父亲的主教练

乔·布莱恩特不断在意乙联赛打出不可思议的个人表现，52分，54分，57分，61分……简直就是只有别人想不到，没有他做不到的。有时他甚至会在赛前的更衣室里，宣布自己当场能拿多少分。

里耶蒂人热爱这位篮球明星，也喜欢他的家人；布莱恩特一家也很喜欢这里的生活。但这些还是无法阻止里耶蒂队把乔卖给别人。原因很简单：他们出现了巨大的财政困难，几乎发不出乔的工资。因此，当南方的雷焦·卡拉布里亚（以下简称"雷焦·卡"）的维奥拉俱乐部提出以2亿里拉购买乔·布莱恩特时，里耶蒂队欣然接受。

得知这一消息的乔·布莱恩特，最初有些神伤，他很喜欢里耶蒂，喜欢当地的人们，喜欢他们一家的别墅。但经纪人告诉他，维奥拉俱乐部愿意出相当优厚的薪水，乔·布莱恩特为了家庭和未来着想，终于重新绽放微笑，决定离开里耶蒂。他独自收拾起全家的行装，前往南方，开启一段全新的探险。

此时，科比与母亲和姐姐正在美国度假，他并不明白为何再也不能回到里耶蒂的学校和小伙伴们玩耍。他也很遗憾没能和保姆告别：这位里耶蒂当地的家庭妇女时常把小科比带到自己家中，为他准备超大盘的肉酱意大利宽面。那次离别至今已30年，那位保姆已然失去了消息和踪影，但里耶蒂城里一直流传着这么一个说法：这位对科比来说堪称第二位母亲的女人，至今仍保留着科比儿时的玩具。

01
有我能打球的地方吗？

维奥拉俱乐部，深受雷焦·卡城人的爱戴。他们刚从低级别联赛升上来，希望留在意乙，甚至想冲击意甲，因此引进了乙级联赛的大明星乔·布莱恩特。

起初，乔还担心自己的孩子无法在短时间内适应环境的改变，但很快，他发现这种担心是多余的。雷焦·卡是一座海滨城市，如果愿意的话，孩子们每天都能见到海、去海边玩儿，这让科比和姐姐们兴奋不已。

维奥拉俱乐部给乔的待遇很好，立刻为他在当地阿尔吉街区租下一栋三层别墅，离海特别近。唯一的问题是，那个街区不太安全，曾是1985年至1991年卡拉布里亚地区黑手党分支火拼的地点。布莱恩特一家没太在意屋外不时传来的枪击声和有些沉重的街区气氛，他们喜欢那栋别墅，这就够了。幸运的是，他们并未因此遇到可怕的事故。

仅仅有海滩和别墅，显然无法满足科比的全部需求，他严肃认真地问爸爸："这里有我能打球的地方吗？"有的，维奥拉俱乐部有自己的青少队。科比很满意，更让他满意的是，青少队里还有另一个美国男孩，名叫莱恩·休斯，他的爸爸金·休斯就是乔的新队友。同样来自美国，同样酷爱篮球，极多的共同语言让科比和莱恩马上成了好朋友，除了抢球的时候，他们一直相处融洽。

02 一头黑豹

青少队的教练，是洛科·罗密欧，以下是罗密欧对科比的第一印象："他像他父亲一样，爱笑，聪明，狡黠。他在场上也和他父亲一样，手里总得有球。他和莱恩总在争球，为这个，他们吵了不知多少架！"

虽然只是青少队，罗密欧却教得十分认真。布莱恩特和休斯两家人都很喜欢这个温和的大男孩，十分信任他，甚至请他每天负责将孩子们从家里接送到雷焦·卡市达芬奇中学的篮球馆。维奥拉俱乐部一直很重视青少队的培养，青少队可使用该篮球馆的时间是每周一至周六下午3点至晚上8点。

罗密欧教练很珍惜两家的嘱托，毕竟这可是全城最著名的两个美国家庭。他每天开着自己那辆烧柴油的菲亚特汽车接送科比和莱恩，他说："当我开着车，科比总有无数的问题要问我。他是个聪明、好奇的孩子，每天他都会提前问我当天的训练内容。当然，他从不会忘了强调自己如何喜欢投篮。"

乔也会不时检查儿子球技是否有所长进，但他从不介入罗密欧的工作，也不嘱咐他额外照顾科比。此时他的身份，并不是篮球明星和这一领域的专家，而是一个不愿意多嘴的父亲。

第一次和乔见面，罗密欧就发现了这位黑人巨星的气度，他说："从乔第一次带科比来篮球馆开始，他从不给我压力和嘱托。他信任我，我们之间也建立了友谊。他说他只希望科比能在这里玩得开心。"但据乔事后回忆，在这个时候，他已经发现了科比身上有些很特别的东西。

此时的科比已经8岁，他打篮球已经不只为了乐趣，人们可以看出，他是一位巨星的儿子。许多人还惊奇于他奇特的场上移动、运球和跑位方式。罗密欧回忆说："科比一看就不腼腆，他脸上总挂着微笑，融入球队对他来说十分轻松。对我他也很尊重，认真听我的教导。唯一的问题在于：他只根据自己的想法打球，他希望球永远在自己手中。这孩子确实有些特别，我指的不是技术层面，而是一种他至今一直保持的某种气度：脚下跟跄却不失优雅。一只羚羊？我觉得他更像一头黑豹。"

短短数月，科比在当地已经小有名气。整整一个赛季，罗密欧的电话不断地响……"4到6月，联赛、杯赛和友谊赛不断，此外我们还打了不少临时安插的比赛，因为总有其他俱乐部的教练打电话找我，特意要我安排科比上场。其他孩子不仅想看科比在场上的表现，还期待能因此在现场见到他父亲……"罗密欧回忆道。

科比是个有教养、彬彬有礼的孩子，但个性极强。洛科·罗密欧作为他的教练，得有耐心和懂得包容。"只要队友不传球给他，他就会冲我喊：'洛科，给我球！给我球！'我还得注意分寸，不能伤害其他孩子，只好对他们说：'好了，孩子们，就把球传给他吧……'问题是，他一旦得球就不再放手。我已数不清，多少次训练结束后看见他留在场地一个人投篮。突破和投篮是他的杀手锏。防守？不，他可不喜欢防守。"

不喜欢防守？这倒是跟进入NBA后的科比不一样，要知道，在NBA的20年职业生涯中，他12次入选赛季最佳防守阵容（指最佳防守第一队或第二队）。

乔·布莱恩特是真的不防守，在他的概念里，防守是篮球这个游戏里浪费时间的一部分。维奥拉俱乐部的主教练桑迪·普利西多少次的提醒，都被乔当成耳旁风。

一次，桑迪急了，把乔拉到一边，说："我对他说，'乔，坐下，听我说。你所得的薪水要求你既要进攻也要防守，如果你只考虑投篮得分而不顾其他，我发誓会让他们只支付你一半的薪水'。他定定地看了我几秒钟，似乎在仔细思考我的话，接着他像个疯子一样大笑着说：'别，教练，别那样做！从今天开始我就防守，我跟你保证。我发誓！'对这样一个人，我能怎么办呢？就像我预想的那样，别指望他能兑现这个承诺。"

03
一个强势，一个随和

像在里耶蒂一样，布莱恩特夫人总会带着三个孩子出现在看台的前几排。据说，许多当地人正是冲着她才买球票进场看球的。帕梅拉清楚这一点，为此她时常在比赛间隙去洗手间补妆，任由小科比在篮架下投篮玩耍；等到比赛重新开始前，她总得把儿子从那儿拉回看台。科比占着篮球场不让的情况在训练期间也会发生，而桑迪对此一点办法也没有。

乔和帕梅拉这对夫妇，脾气秉性完全不同。帕梅拉个性很强，非常有主见，家里的一切都是她说了算，而且她丝毫不吝于表达自己的情感。刚到意大利那段时间，很多人迷醉于她的美貌和异国风情，帕梅拉在街道上跑步时，会有人摇开车窗，向她吹口哨，每当遇到这样的情况，帕梅拉都会扭过头来，冲着口哨的方向奉上一句美国国骂……

在里耶蒂队效力的最后阶段，球队发不出工资，帕梅拉逼着乔在比赛当天下午给俱乐部打电话，告诉他们："如果2个小时内不给我结工资，晚上的比赛我就不打了。"乔本人则是个特别随和的人，对自己唯一的儿子，更是极为宽容和温柔，很少责备他。他喜欢拉着科比的手，和他耐心地说话。他会细细地向科比解释什么是意大利，什么是他亲身感受到的意大利文化。小科比总会认真听着，偶尔满意地点点头。

04
骂他父亲的主教练

和爸爸在一起时，小科比总是很开心，但桑迪教练就没那么开心了，因为他总得追着"小东西"跑。"他像乔的狗宝宝一样，总是黏在父亲身后。每次训练间隙，当我把全队叫到场边解释战术，科比就会偷走一只球，在场地另一头运起球来。我总会笑着喊："科比，快回去坐好！"他会用美国人的国骂来答复我。他骂我！他居然骂他父亲的主教练！"

这位堪称圣人脾气的主帅从未因为小科比的调皮捣乱而发脾气，尽管"小东西"的行为足以让任何一个成年人失去耐心。"每次到更衣室，科比都特别耍宝，他和所有人说话，手里还不忘运着球……"

这儿，有空，正好写点什么

Chapter

08 老爸69分，儿子63分

维奥拉队主教练桑迪·普利西先生，是一位极有耐心的绅士。他曾经作为副帅带领法国南特队夺得欧洲冠军杯冠军，见过很多天赋极佳的球员，但在他看来，没有任何人的篮球天赋，能比得上乔·布莱恩特。

1986年11月9日，联赛刚开始不久，维奥拉队在积分榜上位居中游，在客场对佩斯卡拉队的比赛中，乔的发挥异常出色。维奥拉队得到110分，通过加时赛赢了对手，而他的得分达到了69分。据乔事后回忆，他上一次得到这么高的分数，还是在高中时期，当时他得到77分。

也就是说，这是乔·布莱恩特职业生涯的最高分了，可以说是他的职业生涯之夜。赛后冲完澡，乔仍然无法抑制住内心的澎湃，他激动地对桑迪教练说，他想回到比赛场地，在那儿待上几分钟。作为全场比赛的最佳球员，他希望得到球迷的欢呼和致敬。毕竟他刚得了69分，这在任何赛场上都是难得一见的情景。他说在美国，如果一名职业球员得了这么多分，即便在客场也会受到英雄般的欢迎。

在桑迪看来，这是典型的美式体育价值观，但他担心，意大利球迷可能不会抱有这种英雄崇拜的心态。

事实印证了桑迪的担心，乔重返比赛场地，险些酿成大祸，"布莱恩特刚踏出更衣室通道，才碰到木地板，就遭到滞留在场的佩斯卡拉队球迷的谩骂，这些愤怒的球迷嘴中迸出各种辱骂的字眼。难以置信的乔回来找到我，一脸迷惘地问：'教练，这是怎么回事？我拿了69分呢。他们怎么会这样侮辱我？'"

01

8岁时拿到63分

虽然在客队球迷那儿不受待见，但乔的69分让他在儿子心目中的地位再次提升。小科比多想成为他的父亲啊，在一场比赛中得到69分，甚至更多。对！不光要成为父亲那样的球员，还要超越父亲。科比早已立下志向，要进入NBA，并且获得所有的荣誉。他知道这并不容易，所以要付出比之前更多的努力。

其实，就在父亲得到69分的这一年，科比在一场比赛中得到了63分。

2016年初，当时科比已经宣布将于赛季结束后退役，在接受HBO的采访时，他对记者说："我第一次拿到63的得分，是在8岁的时候。"你可以想象那位女记者的神情，"你刚刚说了什么？你8岁的时候就能拿到63分？那个时候你觉得很轻松吗？"

科比说："我当时觉得很简单。我8岁的时候，那些同龄的孩子还不能用左手运球。所以对我来说跟他们打就很轻松了。我防守的时候，首先会让他们用右手运球，然后逼他们换到左手来运球，因为他们左手运球很不熟练，所以我能轻松把球断下来，然后就上篮了。整场比赛都这样做，所以我就拿到了63分。"

福克斯体育事后评论："科比的这招听起来简单，但它需要很高的篮球智商、执行力和超强的自信。显然，8岁的科比已经具备这三点了。"

轻松击溃同年龄段的选手，在一场比赛中得到不可思议的63分，这还远远无法让科比满足。虽然只有8岁，但他已经知道自己要的是什么：一次次的举家迁徙，让他一次次失去朋友，只有家人和篮球一直陪在他身边，于是篮球，也就成了他最好的玩伴。

02
与鬼魂的对决

对篮球无比热爱，在训练中，科比更是无比投入。30年过去了，当年在维奥拉俱乐部青少队带过科比的罗密欧已经不再是篮球教练，他目前在一家食品公司工作，但对科比的印象未曾磨灭半点："训练过程中，科比总是特别专注和认真，运球、转向、团队协作，他从不分心。"

乔当时的队友里有一位年仅22岁的球员，名叫多纳托·阿维尼亚。他对科比和莱恩这两个美国小孩的印象都很深刻。阿维尼亚回忆道："科比一刻也停不下来，我不是开玩笑。每次训练，他都穿着他爸爸的篮球背心，垂到他的膝盖。有时一个不留神，我突然发现他正攀着篮架迅速朝篮筐爬去。但他最喜欢做的，还是在我们训练的间隙对着一个想象中的对手玩'一对一'。"

或许这可以被称作"与鬼魂的对决"。科比只要找到一只篮球，就会唤上他的"对手和朋友"，和他玩这个游戏。但这个"对手"，无论对球员阿维尼亚来说，还是对主帅普利西来说，甚至于他的父亲乔，都根本无法看见。阿维尼亚说："他还喜欢站在那里，嘴里大声倒数比赛所剩的秒数：3，2，1——然后马上投篮。"压哨投篮，这是长大后的科比曾上演过数百次的动作。

03 像迎接国王一样

布莱恩特一家在雷焦·卡过得不错，但乔的职业生涯注定奔波。在一场决定维奥拉队能否升入意甲的关键比赛中，乔遇到了自己在意大利效力的第一支球队，里耶蒂队，当时里耶蒂队面临的局势是，如果输球，他们就要降入丙级。

里耶蒂队的主场，现场近4000名观众像欢迎国王一般地迎接乔的回归，似乎忘了他完全可能是里耶蒂队当天最大的敌人。在沸腾的观众席前，乔·布莱恩特先生的天赋被溶解了。场上魅力、视野和精准的投篮，乔·布莱恩特最有价值的优点全部被情感的漩涡卷走。

那场比赛，乔只拿了可怜的9分，最终维奥拉队以79∶84惜败。

善良似乎一直是乔的软肋。里耶蒂队球迷在赢球之后欢呼着冲下看台，与本队队员热烈庆祝着胜利。而坐在一边的乔并未被遗忘，前球队这些热烈欢呼的球迷们一个个冲过来与他拥抱，而他也笑着拥抱每一个投入他怀抱中忘情庆祝的里耶蒂人。这应该是乔一生中最疯狂的经历。也正是那时，注定了乔需要去找新工作了，维奥拉队没能冲上意甲。

那一年，洛科·罗密欧教练在赛季末为孩子们举办的常规聚会，成了科比的告别会，因为小科比已从父亲那里得知他即将离开维奥拉队的消息。聚会上每个队友都送给科比一个小礼物，而"小东西"也因为即将告别显得有些激动。

从那以后，罗密欧再没见过这个最有前途的弟子。

这儿，有空，正好写点什么

Chapter
岁月神偷

在科比的篮球生涯中，接受过很多教练的教导，小时候在意大利，暑假时回美国参加篮球训练营，从意大利返回美国上高中，直至进入NBA，他遇到的那些教练都在他身上留下了印迹。但科比无与伦比的全面技术，可不仅仅是来自这些教练，如果说起科比的师承，不能不提的就是那些录像带。

1984年之前，NBA还是一个就连总决赛都只能录像播出的、不受重视的联盟，正是那一年，刚刚上任的联盟总裁大卫·斯特恩和TBS电视台签订了一份2年2000万美元的电视转播合同。1988年，NBA与影响力很大的全国性电视台TNT签约，联盟的影响力进一步提升。除了现场直播，TNT还会播放很多过去的经典比赛。

1988年，科比10岁，他对篮球的热爱与日俱增，为了能让外孙看到世界上水平最高的篮球比赛，科比的外公开始特意录下TNT转播和录播的NBA比赛，然后把录像带寄到意大利。

这是少年时代科比能想到的最好的礼物，他待在家里面一遍又一遍地观摩这些比赛。

科比的众多老师

科比最初想要模仿的对象，是他的儿时偶像"魔术师"约翰逊，他一度刻意模仿"魔术师"的华丽助攻，那也是少年时代的他最愿意去给队友传球的时段。为什么科比最终没能成为"魔术师"的接班人，却成了迈克尔·乔丹之后NBA最伟大的得分后卫？

"我做了一次检测，结果发现我不能像我爸爸那样长到6尺9寸（2.06米，同时也是'魔术师'的身高），只能长到6尺6寸（1.98米），这让我非常不高兴。但我也只能接受现实，于是开始寻找我和迈克尔·乔丹的共同点。"科比在2010年回忆说："我向迈克尔·乔丹学习到了如何在比我们更高大的球员面前投篮。由于他的超凡身体素质、基本功和求胜决心，迈克尔·乔丹的投篮完全是另一个层次的，最终，这才是他比任何其他球员都更强的根本原因。"

迈克尔·乔丹只是科比众多"老师"中的一位。其他"老师"还包括：

NBA历史上最全面的球员，"大O"奥斯卡·罗伯特森。科比这样解读"大O"的技术动作："他经常沉到底线，然后拉开空间单打。他会做一个假动作然后突然急起跳投，防守球员通常都来不及反应，而他已经在空中出手了。我一直使用这一招。"

埃尔金·贝勒，湖人队著名球星，NBA曾经的"步法之王"。科比说："埃尔金最喜欢用右脚当支撑脚，用左脚做假动作来迷惑对手，对于一名右手球员来说，这种步法非常别扭，但埃尔金就做得完美无瑕，浑然天成。后来我发现德雷克斯勒也是这样的步法，而且也能很有效地迷惑对手，所以我就把它变成了我的（动作）。"

当然，还有伟大的杰里·韦斯特，科比出现之前，湖人队历史上最伟大的得分后卫。"杰里的急停跳投非常厉害。奥斯卡（施密特）能用他的身体制造空间，我更像杰里，我们都没有夸张的身体条件，都是利用敏捷度找到投篮的空间。"少年时代的科比，简直对韦斯特的比赛着了迷，他说："我一遍又一遍地模仿杰里的动作，他的投篮，他的切入，他摆脱对方防守的方式。如果我觉得模仿不成功，那我就回去再看一遍录像，寻找细微的差别，然后再去模仿，让自己的动作和杰里一样完美。"

科比模仿的，还不仅仅是这些超级明星，老爸乔·布莱恩特经常让他看当时亚特兰大老鹰队的比赛，因为老鹰队有一位名叫约翰·拜特尔的球员。

科比回忆说："看NBA比赛时，我会注意到周围的其他球员，想象大家都在这里，我也身在其中。这样才不会让我感觉到孤独。我还记得自己跟着老鹰队的约翰·拜特尔学怎么一条龙左手上篮，你们或许都不知道他是何许人也，但我很了解他。看着他抢下篮板然后一条龙左手上篮，但他其实是一个右手将。当时我就感觉，我也要这样做。"

除了通过从大洋彼岸寄来的录像带进行自学，科比在意大利的篮球求学经历，对他来说同样弥足珍贵。可以说，科比接受的篮球教育，完全不同于同龄美国孩子接受的篮球教育。

2015年，在湖人队与孟菲斯灰熊队的一场比赛后，科比对美国风行的AAU篮球体系提出了批判，并表示自己在意大利学到了更扎实的篮球技巧，这让他在日后的职业生涯中受益良多。

02 逃过了 AAU 体系

AAU 是 *Amateur Athletic Union*（业余体育联合会）的简称。在篮球方面，从 8 岁开始，AAU 分成很多个年龄组，每个年龄组又都有上百支遍布美国各地的球队。如果一支 AAU 球队感觉本队在某个联赛中实力很强的话，可以参加大 1 岁的年龄组的比赛，叫做 play up（以小打大），但是不允许 play down（以大打小）。

一支实力较强的 AAU 球队，每年要参加 40 到 70 场比赛。由于 AAU 的比赛都是在周末举行，在为期 5 个多月的赛季里，每个周五晚上、周六早晨、周日下午和晚上，全美国都有数以万计的家长和孩子奔波在去比赛场的高速公路上。

AAU 中的高水平球队，对大学以及 NBA 的球探有着极大的吸引力，AAU 的球员，尤其是高中球员，要想日后靠篮球谋生，也就必须在 AAU 的

058-

比赛中有好的表现。虽然AAU为很多热爱篮球的孩子提供了舞台，但近年来对AAU有很多批评的声音。

勇士队的冠军主帅史蒂夫·科尔就认为，AAU没有培养球员的集体意识。"即使现在的很多球员都天赋异禀，但他们成长的篮球环境却非常糟糕，"科尔说，"AAU已经代替高中，成为青少年篮球运动员的主流发展形式。我以前执教过3年我儿子所在的AAU球队，那是一个诡异的亚文化环境。就像其他地方一样，有好教练也有差教练，有优秀的体系也有不好的体系。但真正困扰我的是，AAU的体系让赢球的价值贬值了太多。这些球队一场接一场地打比赛，有时候一天内连赢4场或者连输4场，几乎很少有球队会上训练课。"

科尔还说："有些球队让其他州的顶级球员坐飞机过来加入他们效力一个周末，某些球员在早上和下午会为两支不同的球队打球。如果球员的父母对他们孩子的上场时间不满意，他们就会让孩子换球队，并且要求在接下来的一周获得稳定的上场时间。作为一个团队项目的运动员，他成长的过程应该包含学习怎样成为集体的一部分，怎样融入一个比自身更重要的东西，但这些在AAU的组织里已经完全消失了。"

科比则从另外一个方面对AAU的篮球培育体系提出了质疑。当时，有记者问科比，为什么NBA技术出色的大个子越来越少，而且大多来自欧洲，科比说："AAU篮球，讨厌的、恐怖的篮球，非常愚蠢。因为它不教我们的孩子怎么打篮球，根本不教。在美国，这是我们面临的一个巨大的问题，我们并没有教孩子们全面的篮球技术。这就是为什么保罗·加索尔和马克·加索尔这样的欧洲中锋成了我们这个联盟最好的大个子，这也是为什么马刺队那么喜欢欧洲球员，很简单，因为他们的技术更好。"

科比认为，自己在欧洲长大，逃过了 AAU 的体系，这是一个巨大的幸运，他说："我真的挺幸运，因为我一直待在意大利。那里有奥尔巴赫们、泰克斯·温特们开的篮球学校和教练培训班，他们带出了一大批优秀的教练员。这些教练听从奥尔巴赫们的建议，从基本功开始教，非常认真地给孩子们打基础。我，马努·吉诺比利，我们就是那时候在欧洲出品的产物。"

如果没去欧洲，科比会是一位怎样的球员？科比说："可能我不会左手突破，可能我不会左手投篮，可能我不会有什么步伐。作为教练，你需要告诉球员什么是真正的比赛，而不是告诉他们怎么去赚钱。"

Chapter 10

被"胖子"踢屁股的男孩

1987年，又到了乔·布莱恩特寻找下一支球队的时候。他想回里耶蒂，但回去的路已经被堵死，因为该队新任总经理很不喜欢他，甚至放话说"我们这儿又不是马戏团"。

就在乔犹豫是否应该结束在意大利的篮球生涯回到美国时，他接到了一个对他、对科比都至关重要的电话。电话那头是一个绰号"胖子"的，此人名叫格里吉奥尼，是皮斯托亚篮球俱乐部奥林匹亚队的总经理。"胖子"告诉乔，奥林匹亚队希望签下他，以他为绝对核心，在皮斯托亚，乔会得到球迷的喜爱，而且他们一家还能住在离世界著名的文化古都40分钟车程的地方。

乔很受吸引，在与妻子商量之后，他告诉三个子女，他们在意大利的经历还没结束。他回电话给"胖子"："好的，我接受。"

01
踢科比的屁股

皮斯托亚，托斯卡纳大区的一个城市，皮斯托亚省的首府，与文艺复兴之都佛罗伦萨仅有40分钟车程。1987年，科比随家人到达皮斯托亚，小城的咖啡馆里都在播放当年的热门单曲《坏》(Bad)，曲目的演唱者正是小科比的偶像迈克尔·杰克逊。小科比并不"坏"，他已经9岁了，对篮球的热情有增无减。篮球是他形影不离的伙伴。如同里耶蒂和雷焦·卡一样，皮斯托亚也见证了小科比对篮球的热爱。

"啊，那小子！我总是拿脚踢他屁股。我不得不这么做，哪怕每次这样做我都会被他母亲念叨。""胖子"格里吉奥尼回忆起当年的科比如是说。从乔在皮斯托亚的主场首秀开始，科比就给"胖子"留下了深刻印象。那是1987年10月4日，对手是梅斯特里队。

乔不负众望，首秀个人得分43分，帮助本队81:78战胜对手，一来就征服了无数托斯卡纳球迷。令人印象深刻的除了乔，还有他的儿子：比赛一暂停，科比就在场内上演运球和投篮表演秀，以仅9岁的年龄来说，他体现了相当高超的技巧。"胖子"为了赶走科比，只好追着踢他屁股，科比则会用百米冲刺的速度逃离"胖子"的追逐。"'小东西'几乎要把人逼疯。球只要一落地，他就捡起来投篮，其实哪怕暂停，场地内也是不允许人进的。我只能追着他满场跑。"

俱乐部最开始在皮斯托亚古城中心为布莱恩特一家找了一间公寓，但是太小。为了能让乔和家人住得舒适，"胖子"找人看了许多房子，最终在近郊租下一栋大别墅。

乔第一眼就看中了那里。

02
一个人面对五个对手

安置好了住处，"胖子"又为乔的儿子找球队。

皮斯托亚篮球俱乐部的青少队恰巧刚成立不久，科比自然而然地加盟了1978年龄组的球队。

他的加入，马上带来了麻烦。不是他自己有麻烦，是给队友带来了麻烦。

"胖子"很好奇：科比究竟是否继承了乔在篮球上的天赋？几个星期后他去青少队看科比。小家伙有些瘦长，但人人都夸赞他。而"胖子"也为自己亲眼所见的一切感到惊讶。

"当时他的技术已远超同龄人，因为他的出色表现，与他同场竞技的队友和对手看上去全都显得'糟糕透顶'。""胖子"回忆道。科比尤其让他印象深刻的动作是：用一种同龄孩子很难具备的猎人般的直觉扑向篮球，像成年人一样运球，发疯似地投篮。训练结束的哨音一响，许多男孩都跑向看台，奔向母亲的怀抱，或是撩起擦伤流血的膝盖给母亲看，或是向她哭诉自己肚子被对手撞了。但科比会留在场地中央，继续模仿着父亲的动作，反复练习上篮。

"我看着他，心里想：这家伙从不放弃远投，而且他投篮时还在高处发力。"

对科比越来越好奇的"胖子"总要抽空去青少队，关注他的训练和比赛。"我看了好几场他的正式比赛，几乎每次，他都会表演如何从对方组织核心手中夺球，一个人面对对方五个对手……很容易看出，他是块打篮球的料，只是谁也没料到他凭着天赋到底能走多远。"

的确，没人能料到他能走多远，但或许小科比自己想到了，他应该已经十分清楚，到达NBA需要怎样的历练。

从这个意义上说，意大利成为一个极佳的训练场：不仅是篮球的训练场，还是人生的训练场。在这里，他的灵气和想象力得到了激发和施展，此后这成了他整个职业生涯里的亮点。

03 一只花罐

奇思妙想，在意大利这样的国度总能转换成艺术、天才和自由。在皮斯托亚，与科比一同感受奇思妙想的，是一位与他年龄相仿的男孩。确切地说，这个男孩比科比还要大上2岁，他叫卢卡·鲁斯科尼，是奥林匹亚队主帅的儿子。

在篮球这条路上，两个儿时的好友分别走到了不同的地点，卢卡曾效力于意大利丁级联赛，而科比则进入了世界篮球史上最佳球员的名册。两个截然不同的人生，在托斯卡纳这片土地上找到了连接点，像是某种外在力量的有意安排。

"在篮球馆里，什么东西到了手里，都会被我们投进篮筐。"卢卡忆起二十几年前的往事，"（父亲们）有比赛的时候，我们会跑到看台的最高层，在通往安全出口的走廊上，我们来来回回、没完没了地奔跑，把小纸团扔来扔去。在我们眼中，任何一个观众席，或者墙壁与观众席之间的任何一个空隙，都可以被想象成篮筐。我们不断往里面扔着小纸团。"

科比的母亲帕梅拉发现，两个孩子在比赛间隙玩的篮球太大太沉，还特意为他们买了一个橡皮制的小皮球，彩色而轻盈。有了这只新宝贝，科比和卢卡玩得越发疯狂：总是跳来跳去，又笑又叫，用运动服的袖子擦汗，惹得看台上的球迷开心不已。

比赛结束后许久，他们还会留在场地里玩球。卢卡回忆道："怎么都赶不走我们，场馆管理员只好使出最后一招，把馆内的灯光全部熄灭。"

科比对篮球的渴望愈来愈强烈，青少队的训练对他来说远远不够，而且一天当中还要被学校和课堂占据四五个小时——对他来说这实在太久。他需要一个器械，能让他每天有更多玩球的时间。

什么样的器械？比如，一只花罐。

卢卡的父亲艾德阿多·鲁斯科尼，人称"多多"，是奥林匹亚队的主帅，乔·布莱恩特的教练。对于小科比的篮球之路，他的看法是，"当然，科比的

DNA里就有着篮球的痕迹。但他的职业生涯也有部分功劳来自意大利。在这里，他认识了另一种生活形态：小城市的生活。在每个小城里，都有一个公共生活的中心，孩子们不仅能在这里收获最初的友谊，而且能以它作为成长的参照，在美国很难找到类似的生活方式"。

作为篮球教练，"多多"严厉与较真的名声在外。很难想象，他竟能与脸上成天挂着微笑的乔相处一个半赛季。对此，"多多"的看法是，"我尽量发挥每个队员的优势，而不是仅仅按照自己的想法去安排他们的任务。当年我带着他们去山里夏训，我让他们连续在山里跑了10天。乔从未抱怨过一次。秘诀在于：在比赛场上，我尽可能多地给他发挥空间。当然，乔也免不了有些过头的时候，但我会在他做过头之前，就进行干预。绝对不能犯的错误是：让他去做他心里不想做的事。他的这种思维方式也遗传给了儿子"。

凡是父亲的比赛，科比一场不落。父亲的每一个动作，他都目不转睛地观察着。乔效力皮斯托亚篮球俱乐部那段时间，意大利职业篮球正经历前所未有的繁荣——经济实力雄厚、赛事激烈、队员水平高——令欧洲其他国家联赛钦羡不已。连意大利乙级联赛都有许多美国外援，其中不少有过NBA生涯……

"多多"的儿子卢卡和科比的友谊越来越深厚。两个男孩在青少队训练结束后仍觉得不过瘾，还想方设法地玩球。

卢卡家的附近既没有教堂空地，也没有篮球场，只有一个巨大的停车场。

卢卡回忆："那一天，我、科比和一个叫西蒙尼的男孩——我的邻居，我们发现了一只塑料花罐。我们让西蒙尼的爸爸把花罐底部剪空，并固定在他家车库外侧墙上，那车库刚好连着大停车场。这样我们的'小篮球场'就完工了。从那之后，我们每天所做的事就是不停地投篮——对着那只空花罐。我比科比更高，但他从不会累，也从不停歇。他那时的水平就很高了。"

如今的卢卡是一个乳制品公司的营销分析师。回忆起那段时光，卢卡回忆说自己十分热爱篮球，但打篮球的目的是得到乐趣，仅此而已。而那时的科比就已十分清楚将来自己要做什么。

这儿，有空，正好写点什么

Chapter
11岁，挑战NBA球员

直到1989年10月，科比都以为自己再也不能回意大利。他的父亲乔在家待了好几个月，惊讶地发现，居然没人找他。

最终他接到了一个电话，还是意大利打来的，这一次球队所在城市的名称叫做雷焦·艾米利亚，位于意大利北部艾米利亚·罗马涅大区，而且这是一支意甲球队！

电话那头摆出各种可能让乔心动的条件：球队主帅乔·伊萨克也是美国人，曾是60年代效力于米兰队的球星，再加上雷焦·艾米利亚城的美食、文化、音乐……乔·布莱恩特或许真的等待了太久，他不喜欢数月没有比赛的感觉，而且能回到他所钟爱的意大利，疯狂又美妙的国度，正是他所期盼的。

乔再次跨越6000公里，来到了意大利之旅的最后一站，对于科比的成长堪称最重要的一站：雷焦·艾米利亚（以下简称雷焦·艾）。

在这里，科比吃着千层面和"小圆帽饺"，认识了一群当地的孩子，与他们结下了多年的友谊。

一到雷焦·艾，科比就受到当地人的喜爱：他是个讨人喜欢的孩子，模样可爱又好笑。好笑是因为他说话的方式：这和他的美国人身份倒没关系，而是因为他满口的托斯卡纳方言。因为口音，科比没少被笑话，但主要是在他的家乡美国。从 10 岁那年开始，科比每年夏天回美国度假，都要前往萨尼·希尔篮球训练营。和陌生的孩子们打球时，他带意大利腔的英文有时会遭嘲笑。于是，科比索性不开口。每一次他踏入训练营，就是用球技说话。

乔的新球队雷吉亚纳，又称 *Cantine Riunite*——联合酒窖队，"联合酒窖"是雷焦·艾当地著名的葡萄酒品牌。他的第一场意甲比赛，对手居然是老东家：来自雷焦·卡拉布里亚的维奥拉队。遇到曾经的队友和教练，乔特别高兴。维奥拉队主帅阿维尼亚一直记得那场景，"乔看见我们就过来拥抱，还把科比叫来，一一和我们打招呼，还带了些小礼物给我们。他们真是非常特别的人"。

乔没有让本队的球迷失望，首秀就拿下 36 分、2 次助攻和 7 个篮板，尽管最终还是以 4 分之差惜败，但他给雷焦·艾的球迷留下了好印象，几乎点燃了他们对篮球的热情。而这正是乔最在意的。

雷吉亚纳为布莱恩特一家在古城中心租下一套漂亮的公寓，并在短短几天内为孩子们选好了学校。科比就读的学校叫做圣·文琴佐教会学校，该学校建于 1864 年，创立者是圣·乔瓦娜·安娣达修会的修女们。这些修女老师以严格闻名，而这正是布莱恩特夫妇一直想要的。他们渴望让儿子能在意大利接受一定规格和水平的教育，并以基督教价值观为基准。

01
11 岁时向布莱恩·肖挑战

1989 年，一位名叫布莱恩·肖的美国球员，与意大利罗马俱乐部签约 2 年。日后，肖会成为科比的良师益友，而在当时，他成了科比想要挑战的目标。

那个赛季，由于同时拥有丹尼·费里和布莱恩·肖两位美国外援，罗马俱乐部被认为是意甲冠军的最大热门。他们也没少花钱，给费里的是一份年薪 150 万美元的 5 年长约，每一年的合同都是全额保障，肖的年薪是 100 万美元。俱乐部还为他们提供司机、厨师和别墅，找到合适的住处前，他们都住在罗马最高档的酒店，400 美元一晚。这样的待遇，是很多 NBA 球员羡慕的。

布莱恩·肖后来承认，之所以离开 NBA 前来欧洲，就是为了赚钱。他绝没想到，会在意大利碰到 NBA 历史上最伟大的巨星之一。

以下是一段来自肖的回忆：

1989 年在意大利，我曾经和科比的父亲乔·布莱恩特交手。当时科比差不多 11 岁大，乔在一个小城市打球，我们在罗马打比赛。所有美国来的球员都去市中心吃麦当劳去了，那里可真大，和美国的麦当劳完全不一样，看起来就像是个家庭聚会场所,所有人都在那里碰面。所以我对小科比坐在那里吃法式炸薯条的场景,至今记忆犹新。

当时的科比对篮球非常痴迷。我们在赛前练习投篮时,科比会试着和我们一起热身。你知道,我说的可不是捡球,像球童做的那些事。我是说这个孩子就像球队一员那样待在场上,和球员们一起投篮。

所以有一天我不得不告诉他,他得离开场地,结果他居然向我挑战玩H-O-R-S-E投篮比赛[4]。说实话,我已经不记得比赛进程了;但故事这些年越传越广,开始说他赢了我,后来变成他一对一赢了我,越传越夸张。科比进入联盟,我们在湖人队携手第一次打进总决赛,记者跑过来很直白地问我:"当年在意大利科比真的一对一击败了你?"

我回答道:"什么,他当时11岁,我22岁。你是说真的?"

但这就是科比的威望。我想他可能在H-O-R-S-E投篮比赛里赢过我吧,我可以接受。

离开意大利后,我好长时间没见过科比,再碰面已经是他读高三的时候了。他的父亲带他来现场看球,而我为魔术队效力。当时科比16岁,已经和我一样高。我们聊得很开心,我正要离开时,科比说了一句:"高中毕业我们会再见,我会成为你的对手。"

4.H-O-R-S-E投篮比赛中,1号球员可以在球场的任何位置投篮,假如他投进了,2号球员需要在他投进的相同位置完成一次完全相同的投篮。如果2号球员投失了,他将会得到"Horse"这个单词中的第一个字母,也就是"H"。以此类推。最后一个集齐H,O,R,S,E这5个字母的人获胜。

我确实很吃惊，心里想，这个孩子是不是脑子不大清楚。他根本没提上大学的事。结果一年半后，我看到了新闻：高中生科比宣布参加篮球选秀。

02
你们等着瞧吧

从这个故事里，你能看到，11岁的科比，对于自己的篮球技术已经非常自信了，他是真的相信自己可以击败一名挣着100万美元年薪的职业球员，而且是NBA级别的球员。要知道，1990年布莱恩·肖就回到NBA，与凯尔特人队签约了。

说起1989年雷吉亚纳队和罗马队的那场篮球赛，很多雷焦·艾球迷还记忆犹新。一方面是因为明星荟萃，罗马队有NBA的榜眼秀丹尼·费里以及布莱恩·肖，雷吉亚纳队也有无所不能的乔；另一方面是因为雷吉亚纳队最终战胜了不可一世的罗马队。

10月29日，雷吉亚纳队客场对罗马队，主教练伊萨克称之为最难搞的一场比赛。乘坐大巴南下罗马的路上，主帅不停在乔的耳边叮咛："这可是联赛里最强的对手，他们最有钱。他们的组织核心是肖，上赛季还在凯尔特人队效力呢。另一个美国人丹尼·费里被称作新的拉里·伯德。"

这些话不但没吓到乔，反而让他笑得更厉害：肖是谁？费里又是谁？我是布莱恩特。你们等着瞧吧……

那场比赛乔不负众望，个人得分30分，其中2个三分球，共5个篮板；

而对方的肖与费里两人共得50分。富有而强势的罗马队在乔的面前也低下了头。赛后回到更衣室，乔拥抱所有队友和俱乐部管理层，他说："看见了没？我跟你们说过的……"

· 2020 年 2 月 1 日 巴黎 王子公园球场 ·
巴黎日耳曼以 5:0 大胜蒙彼利埃，巴西球星内马尔穿上了 24 号球衣，以悼念自己的好友科比。

· 2020 年 1 月 28 日　米兰　圣西罗球场 ·

AC 米兰在意大利杯比赛中同都灵交手。现场为科比举办了悼念仪式，AC 米兰是科比生前最喜爱的球
队之一，他在少年时代还想过成为 AC 米兰的一员。

· 2020 年 2 月 2 日　罗马　奥林匹克体育场 ·
拉齐奥同斯帕尔在意甲中交手，现场悼念了科比。

·　2020 年 1 月 29 日　　那不勒斯　·
一位当地著名画家在得知科比意外去世的消息后，在卡萨尔诺沃公园创作了涂鸦墙绘。

PHOTO CREDITS

[O] Foto Superstudio

FONDAZIONE
PER LO SPORT
DEL COMUNE DI
REGGIO EMILIA

SPORT FOR CHANGE

#S4C

INQUADRA IL CODICE E
ASCOLTA IL PODCAST

· 2021 年 1 月 26 日 雷焦－艾米利亚 ·

科比去世后，雷焦－艾米利亚的政府决定以科比·布莱恩特和他的女儿吉安娜的名字命名一座广场。
2021 年 1 月 26 日，在科比去世 1 周年之际，这座广场揭幕了，它位于帕拉卡内斯特罗市附近，展示
了科比在意大利的少年往事。

-079

· 2020 年 2 月 18 日　那不勒斯　科比纪念公园 ·
在科比去世后的第 24 天，科比纪念公园落成。

· 2020 年 1 月 31 日，勒维班 ·
一场法国篮球联赛，赛前为科比默哀

· 2021 年 4 月 2 日 米兰 科尔纳雷多镇 ·
当地的篮球爱好者们粉刷了篮球场，将地板的颜色换成洛杉矶湖人的紫色和金色，还刷上科比的球衣号
码：8 号和 24 号。

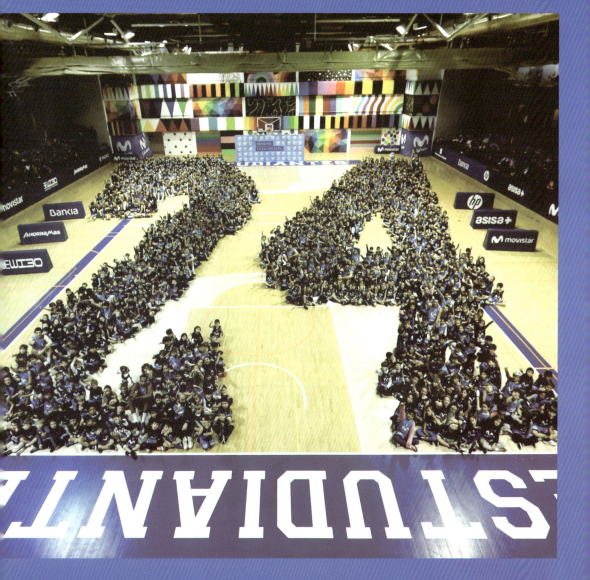

· 2020 年 1 月 30 日 马德里 ·
大约 1500 名青少年球员组成象征 24 号球衣的造型,悼念科比。

· 2020 年 1 月 31 日　洛杉矶 ·

湖人队在科比去世后的首个主场比赛，当地球迷围绕着斯台普斯中心，在这座城市的各个角落组织了系列纪念仪式，大量涂邪作品出现在这座城市。球馆里面，观众席都以科比的球衣覆盖，其中，少量的 2 号球衣是献给科比二女儿的，科比在这支球队的继承人勒布朗·詹姆斯主持了纪念仪式。

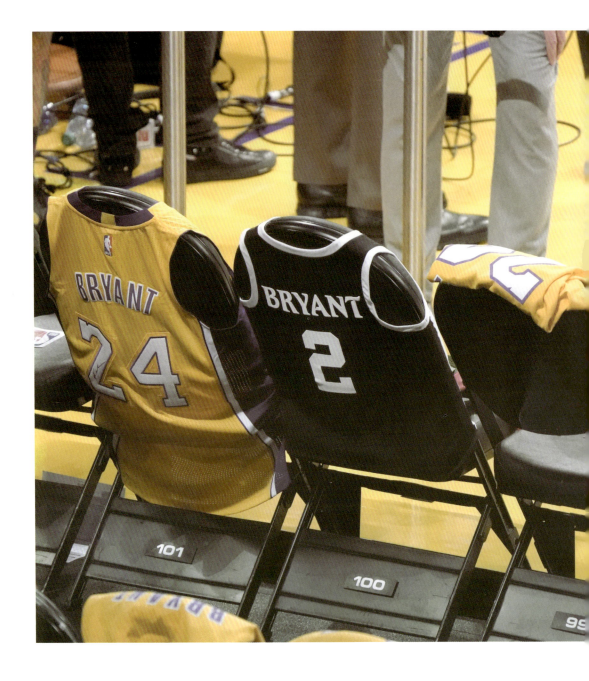

· 2020 年 3 月 18 日 洛杉矶 好莱坞 ·
疫情期间为了鼓励低落的美国人民，当地的艺术表演者扮演成科比，在好莱坞大道与星光大道
同人们互动。

刚刚加入 NBA 的科比，展示他在洛杉矶湖人队的 8 号球衣。

Chapter

复仇！第一次扣篮

　　率队战胜强大的罗马队，乔·布莱恩特在雷焦·艾受到了极大的欢迎。而11岁的科比似乎已经忘记了向前NBA球员布莱恩·肖挑战的故事，他现在关心的是：自己将注册在哪支球队？新队友会是什么样子？最重要的，什么时候可以正式比赛？

　　在这件事情上，科比很幸运：雷焦·艾当时的青少年篮球培训在整个意大利堪称顶尖，包括设施和教练素养各方面。他的同龄人和队友们往往害怕太过严格和持续太久的训练，科比却巴不得抱着篮球睡觉。正是在雷焦·艾，他做了一件罕见的事情：同时为两支球队效力。

　　1989年，毛罗·康塔雷拉在雷吉亚纳队的青少部执教1977年出生的男孩们，这些孩子比科比大1岁。如今的康塔雷拉担任一所学校的互联网资讯师，篮球只能从电视屏幕里与他的生活有些许碰撞。回忆起二十多年前的情景，康塔雷拉在想，科比的传奇是否已提前在某个秘密的书籍上写好。

他回忆说："我们队里总是缺人。实际上，1977年生的男孩很多，他们被分成了两支队伍，其中水平更高的一队由我带领。这支队伍每星期要训练三次，外加两场联赛，因为同时我们还参加高一个级别的联赛。许多男孩害怕这么辛苦的训练和这么密集的比赛，于是纷纷要求被分到水平更低的那支队伍里。"

康塔雷拉必须尽快解决缺人的问题。"当时青少部的负责人向我推荐科比。我有些疑虑，科比的身体条件尽管足以应付对抗，但他毕竟比其他孩子小了1岁。最后我还是决定说服科比和他父母，让他加入我们队中。在这件事情上，有个美国男孩帮了我的忙。他叫克里斯·沃德。他们一家和布莱恩特一家已经认识了。克里斯起了关键作用。"

最终科比答应参加康塔雷拉率领的1977年生的队伍，但条件是他也能随时参加1978年生的队伍，那支队伍由安德烈·梅诺齐带领。这样，小科比开始了人生中第一场在标准篮球场上进行的比赛，此前他参与的少年组比赛里，篮框都比成人场地的矮。

科比在修女们的教会学校上初中一年级。他很聪明，也相当有教养，在学校的成绩没有大问题。他喜欢雷焦·艾，喜欢这座城市安静的氛围。在雷焦·艾，他与篮球的关系似乎也更进了一步。

科比在1977年生的队伍里已经训练了好几个星期。这支队伍在当地显得有些特别，教练康塔雷拉回忆说："对于其他球队来说，队中有一个美国男孩，已算是颇有'异国情调'了。我们队除了科比，还有两个外国人，都是有色人种，一个是意大利美国混血克里斯·沃德，另一个是埃及人。我们这支多种族队伍，在对手们眼里很是奇特。"

01
一块不断吸水的海绵

1990 年代初期，意大利的移民现象还不似今天这般普遍。如今的意大利，各大中小城市的篮球场上，到处可见世界各地的移民及其后代们奔跑的身影。他们都说着同一种语言——篮球的语言。

科比的到来在队中引发了不同的反应：克里斯当然高兴，因为他们已经是朋友。但也有些男孩感到害怕，毕竟科比的父亲曾是 NBA 球星。"还好，科比在更衣室里的态度没有出错，"康塔雷拉说，"他其实还是个有些内敛和腼腆的孩子。"

当年的康塔雷拉也才 23 岁，他有个急迫的任务：尽早帮助科比融入新球队的环境，并且考查他真实的技术水平。"我对科比的第一印象？"康塔雷拉说，"他一看就是那种在自家花园的篮筐投过无数次篮的小孩。他的基本动作很干净，尤其在运球和一对一的动作上，他的投篮技术也很不错。可是，同时参加两支球队明显榨干了他的体力，训练中他每小时的奔跑距离大概是 3 公里。他的投篮动作仍能保持干净、漂亮，但奔跑速度并不算快，甚至可以说，他显得有些慢了。"

康塔雷拉和1978年生的队伍的教练梅诺齐一起为科比制定了特殊的训练日程。而科比也非常认真和专注地进行每一次训练，他学起东西来，就像一块不断吸水的海绵。

"科比非常有教养，我从没听他在篮球馆里说过一句脏话，"回忆者还是康塔雷拉，"最初几个月他说话的声音甚至很小，显得尤为腼腆。只有在二对二或三对三的对抗练习中，我没有吹罚他的对手的犯规，他才会跑来抱怨。因为一般来说我在这种对抗练习里很少吹哨，为了对抗的连续性，也为了让他们适应一些实在的身体碰撞……很多人都说科比小时候像个疯子般地训练自己，但我印象中的他并没有特别为自己加练。他只是在训练中非常专注和认真。不过说到底，在他刚来的第一年，他在雷焦·艾这群男孩子里，并没有比他人更出彩的表现。"

02 我们报了仇

在雷焦·艾的两年时间里，科比学到了一种求胜和热爱竞赛的精神。1990年代的意大利青少年篮球，有着同时期的美国难以比拟的训练和比赛强度。在这一点上，科比也变得十分意大利化。他记得胜利，但更加忘不了那些输掉的比赛。尤其是1989—1990赛季，在大区赛事的半决赛上，雷吉亚纳对博洛尼亚的那场比赛。

当时博洛尼亚队1977年生的青年队主教练是吉尔吉奥·瓦里。他对那场比赛也记忆犹新，他说："比赛前我们就知道雷吉亚纳队会派出乔·布莱恩特的儿子上场，我们也知道他比其他男孩小1岁。那场比赛他的表现一般，奔跑、起跳的表现都只能说正常。我们那支队伍更强大，我们赢了。从那以后，我再没见过他，直到2011年他到罗马来，在球馆里，我一见到他就说：'嗨，你可能不记得了，我们当时可是你的对手，而且我们还赢了你！从那以后，你就不断进步……'"

科比并没有忘记那次失利，相反，他把它视作一次经验和教训，好让自己带着更多的斗志来迎接之后的每一次挑战。康塔雷拉可以作证，"输给博洛尼亚队之后，我被临时调去1978年生的队伍，率领他们打一场杯赛的决赛，对手还是博洛尼亚队。那支队伍我不太了解，于是我决定带上科比。那场比赛打的仍是小场篮球，篮筐更矮。那场比赛科比展现出了极强的求胜欲，如果记得没错，那场比赛里他第一次扣篮。我们赢得了比赛。"

尽管这一场杯赛的重要性远比不上大区联赛的半决赛，但科比还是在赢球后喜悦万分，他跑向康塔雷拉，嘴里喊着："你看见了吗，毛罗？你看见了吗？我们做到了。我们报了仇！"简直可以用欣喜若狂来形容他。

这儿，有空，正好写点什么

小科比的偶像们（1）

丹尼·费里，布莱恩·肖，科比的爸爸乔·布莱恩特，很多美国外援在意大利呼风唤雨，但在科比心中，唯一能和爸爸一样，吸引他最多注意力的，却是一个巴西人。

他就是奥斯卡·施密特，意甲篮坛的"圣手"。他的一双"圣手"能完成最具有杀伤力的扣杀，但他的脸上永远挂着修士一般谦逊可亲的微笑。因此，你不可能不去热爱这样一个人。从1982年开始，奥斯卡在意大利南方球队卡瑟塔队效力8年，在那期间，他不知得到过多少个三分球。大多数球员的远投都十分费力，但奥斯卡不同，他得到篮球后往往起手就投，然后得分。他的笑容很像科比的父亲乔。

01
永远的偶像

奥斯卡的笑容里没有嘲讽，只有纯粹的喜悦，因此对方的球迷往往很喜爱他。科比对他尤其着迷：那个2.03米的大个子大概会玩魔术。奥斯卡是唯一一位能与父亲乔相提并论的球员。在意大利，科比无数次见证过这个"圣手"的威力。即便后来在NBA获得过无数荣誉和美金，但科比总能从奥斯卡的每一个动作里受到鼓舞和感染。曾经的偶像就是永远的偶像。

2013年，当科比受国际足联邀请，前往巴西参加2014年世界杯的推广活动时，他提出想见见自己儿时的偶像。他们告诉科比，奥斯卡前两年才做过一次大手术，摘除了脑部的一个良性肿瘤，之后又发现恶性肿瘤，于是接受第二次手术，以及连续5个星期的化疗。当年的"圣手"没有退缩，而是带着篮球场上的勇气和精神去接受这次命运的挑战。他曾经表示："癌症找错了人。但我会战胜它。"

见到偶像的科比眼睛发亮。在他面前的奥斯卡穿着一件黑色有领T恤，头上用一顶帽子遮盖两次手术留下的痕迹。他和科比开心地说笑着，一直保持着乐观和坚强，一如他一贯的性格。听科比描述儿时如何坐在电视机前等待他的比赛，模仿他的动作和架势，这时的奥斯卡似乎完全回到了当年，又成了那个"圣手"，面对着看得见的对手发起进攻，而无需提防阴暗角落里偷袭他的家伙——比如近些年他遭受的病魔。

那次见面后，科比抑制不住内心的激动，在社交媒体上发布了两人重逢时的合影，照片中两个老朋友笑得十分开心。那一年，美国人（科比）正努力证明肌腱的伤病不能终止他的职业生涯，巴西人（奥斯卡）则带着骄傲、尊严和勇气，与癌症斗争。这情谊偶然缘起于意大利，历经多年，却仍然坚不可摧。

"在意大利，我是看着"圣手"与我父亲之间的较量长大的，"科比曾这样说，"我称他为'炸弹'，他是我的偶像。对我来说，他就是一个传奇。他每场比赛都能轻易拿到35到40分。看着他，我总是对自己说：'啊，要是我能像他那样运球，那样进球……'我爸爸和奥斯卡的技术风格很相近，个子都很高，但都是优秀的投手。"

对于科比，奥斯卡也表达过非同一般的赞赏，"我一直十分欣赏科比。我第一次见到他，是7岁的他'闯入'我们打意大利全明星赛时的场地。那时候，想把他从场地里赶出去，可真费了我们一番功夫。现在他在篮坛取得了这么大的成就，我当然非常荣幸地获悉自己是他儿时的偶像"。

在科比以及很多人眼中，奥斯卡都是战神级别的人物。1987年，泛美运动会决赛，巴西对美国。当时的美国拥有多位极其优秀的选手：丹尼·曼宁、大卫·罗宾逊、佩尔维斯·艾利森等等。但他们都无法阻挡奥斯卡："圣手"全场投进7个三分球，一共得到46分，最终帮助巴西120:115战胜美国，此前美国在泛美运动会上已经连胜34场，结果被"圣手"领衔的巴西终结了。那一次，奥斯卡战胜了所有人。

02
一切基本功的浓缩

奥斯卡有战胜所有人的能力，但或许只有一个例外。这个人就是意大利篮球史上最棒的一位"大盗"，人称"亚森·罗宾"（法国作家莫里斯·卢布朗笔下的一位侠盗，也被称为"千面人"）的麦克·丹特尼。他是科比儿时的另一位偶像。

小科比还是不断观看从美国费城寄来的NBA录像带，一边看着电视机里这位球星过去的比赛，一边在场边亲身体验他现在的比赛。第一眼看去，那是个不太起眼的球员，身体并不强壮，没有灌篮动作，也不像科比的父亲那样会表演。但他仍称得上一位绝对的天才：他阅读比赛的能力超出常人，意大利篮坛还没人能像他那样激发出所有队友的最佳水平。有时候整场比赛，他足足有39分钟不见踪影，却能在最后几秒钟决定比赛的走向：要么意外夺走对方组织核心手里的篮球，要么干净利落地豪取三分，要么是完成一个不可思议的助攻。

他就是1977年就加盟米兰奥林匹亚队的麦克·丹特尼。而麦克最让科比欣赏的地方在于：在任何一位球员都会被紧张和着急绊住脚的地方，他总能展现冷静和高度的注意力集中。奥斯卡是奥斯卡，是意甲最高效的进球机器。而麦克则是场上一切基本功的浓缩，是对整个赛场的把控。他就是节奏，就是领袖。场边的科比总是看得眼花缭乱。

1986年，奥斯卡效力的卡瑟塔队与麦克的米兰奥林匹亚队争夺意甲冠军。巴西人还是出色的得分手，个人得到32分，但以麦克为场上核心的奥林匹亚队最终获得了胜利。第二年的争冠决赛，奥斯卡的发挥依旧十分出色，但麦克的奥林匹亚队再度获胜。2013年，在美国伊利诺伊州的春田市，奥斯卡接受了奈史密斯篮球名人堂嘉奖，他感慨道："麦克·丹特尼抢走了我的两个冠军！"

1991年，科比告别雷焦·艾时，麦克也结束了教练生涯的第一年。他执教的球队还是米兰奥林匹亚队，正是在那里，他作为场上核心获得了5次联赛冠军，2次冠军杯冠军，1次科拉奇杯冠军，1次洲际杯冠军。

2012年11月，洛杉矶湖人队在麦克·布朗下课后，请来了另一位麦克，那就是有"亚森·罗宾"之称的麦克·丹特尼。在这之前，麦克·丹特尼已经具备了丰富的执教经验，曾执教过掘金队、太阳队和纽约尼克斯队。在湖人队，他再度见到当年在意大利全明星赛场上到处乱窜的那个小男孩：科比·布莱恩特。

"现在他可能会在走出球场时用意大利语诅咒我两句，"刚上任时，丹特尼笑言，"但这样更好，因为没几个人听得懂……"

这儿，有空，正好写点什么

小科比的偶像们（2）

在雷焦·艾，布莱恩特一家不住在市中心，而是住城外10公里处的一栋别墅。但这并不影响科比和好朋友克里斯的来往。他们总是一起玩耍，一起吃饭。克里斯很在乎家里的午餐，"我家的餐桌上总少不了美国的食物，因为我父亲还能去维琴察的美军基地超市买东西"。克里斯·沃德的父亲曾是一名美国大兵，在意大利北部小镇维琴察的美军基地驻扎过。

布莱恩特一家也吃了很多来自美国本土的食物。克里斯说："我们尤其喜爱美国的果冻豆（科比父亲乔的绰号刚好是'果冻豆'），美国的面包，还有花生黄油。当我妈妈（克里斯的母亲是意大利人）有空下厨时，我们家的食谱才变得意大利化，有千层面和"小圆帽饺"，科比特别喜欢吃这两道菜。吃完饭，我和科比喜欢回到我的屋里听音乐。"

如果说科比身上还有种挥之不去的美国元素，那就是音乐。从小时候起，他最喜欢的歌手就是迈克尔·杰克逊，迈克尔·杰克逊的*Bad*他百听不厌，这首单曲与同名专辑在1987年推出，全球总销量达到了3000万张。

科比还喜欢模仿迈克尔·杰克逊的太空舞步。长大后的他怎么也没料到，回到美国在NBA崭露头角后，他居然能结识迈克尔·杰克逊，并且几乎让儿时的偶像成为自己的导师。他曾和迈克尔·杰克逊在一起数小时地讨论，如何不浪费自己的天分，如何解放自己的头脑，排开各种干扰，坚定不移地走向自己的成功之路。

　　有关自己与迈克尔·杰克逊的这份友情，科比直到2010年——迈克尔·杰克逊离世1年之后——才向外界披露，"他会告诉我当年是如何筹办演唱会的，还告诉我 *Thriller*（颤栗）和 *Bad* 专辑如何获得成功。这正是我所需要的一种确信：必须专心致志于自己热爱的事业。有了他对我在心态和精神上的帮助，我才得以赢得NBA的诸项荣誉。我在职业生涯上的成就并不仅仅与体育有关，灵感也并不仅仅来自乔丹，我也要感谢迈克尔·杰克逊"。

　　2014年，科比去中国期间，曾接受《体育画报》的专访。他在专访里提到，这位已逝的"流行音乐天王"如何以自身经历教他面对人生和职业生涯。在著名的 *Thriller* 专辑推出之前，杰克逊每天像着了魔似地听Bee Gees乐队的音乐。在Bee Gees乐队的作品里，《星期六午夜狂热》（*Saturday Night Fever*）成为全球最热卖的流行音乐专辑。震撼于此的迈克尔·杰克逊，在2年间几乎每天都将这张专辑翻来覆去听上10遍。到最后，他对这张专辑已了熟于胸，熟悉它的每个节奏和细节处理。他几乎将它嵌入自己的体内。1年后，迈克尔·杰克逊自己的专辑 *Thriller* 推出，时间证明，这是一部经典作品，热卖了7000万张。

　　"我特别喜欢这个故事"，科比曾说。不难理解，这是有关职业素养和激情的传奇故事，是为了追求完美而细细研读对手的例子。从某种程度上说，科比自己也是这么做的。

唯一的偶像

　　"圣手"奥斯卡·施密特、"大盗"迈克·丹特尼、"流行音乐天王"迈克尔·杰克逊，这些都是小科比的偶像，也都让科比成为了更好的自己，但科比从小就崇拜的偶像只有一个：那位被称为"魔术师"的传奇巨星——埃尔文·约翰逊。

　　本书的前文曾提到，1982年，4岁的科比，就成了埃尔文·约翰逊的球迷。当时埃尔文·约翰逊带领湖人队夺得NBA总冠军，那是他职业生涯里的第二个总冠军，科比为埃尔文·约翰逊神奇的技艺深深倾倒。从那时起，科比无数次在睡觉前想象自己身穿湖人队球衣、与埃尔文·约翰逊并肩战斗的情景；在梦里，他也梦到过自己在湖人队主场球迷的欢呼中，举起NBA总冠军奖杯。

　　科比梦想成为埃尔文·约翰逊的队友，也梦想过成为埃尔文·约翰逊的接班人。因此，当他知道自己长不到埃尔文·约翰逊那么高之后，曾经非常懊恼。虽然从那时起，科比就已经决定不再模仿埃尔文·约翰逊的风格，而是开始学习乔丹的比赛方式，但埃尔文·约翰逊仍然是他最爱的球员。他还是穿着外祖父从美国寄来的埃尔文·约翰逊同款球鞋在意大利的篮球场上奔跑，引来无数艳羡的目光——当时的物流没那么便捷，新款球鞋要很久才能来到意大利。他也还是把埃尔文·约翰逊的巨幅海报贴在自己的床头，那是男孩子们心中最神圣的位置。

1991年11月8日凌晨2点，布莱恩特家的电话响个不停。是帕梅拉的父母从美国打来的，电话里他们的声音有些哽咽，因为电视刚刚播报了一条爆炸性新闻："魔术师"埃尔文·约翰逊突然宣布退役，他染上了艾滋病毒。

乔不想也不能够相信他所听到的：那是科比的偶像，是一个永远用微笑和魔法给球迷带来快乐的人，堪称篮球史上最受欢迎的球员之一，难道真要在31岁的年纪就告别篮球场？要有怎样的勇气，才能把这个消息告诉科比呢？又怎么向他开口呢？要知道，科比在意大利居住期间，每搬一次家，都不忘在自己的床头贴一张埃尔文·约翰逊的等身海报。

第二天早晨，乔振作精神，还是将这位湖人队巨星退役的消息告诉了科比。他只是没告诉儿子，究竟是什么病让约翰逊做出这个决定的。那时的科比已经越长越高，双臂的肌肉变得紧实，双腿既有弹性又很有力。但说到底他还只是个13岁的孩子，一个爱做梦的敏感年纪，他听到消息后的反应是：立即爆发出一阵伤心的痛哭。

15岁的沙莉雅看着弟弟如此伤心，也感到十分难过，她曾回忆过那段日子，"看到弟弟那么伤心，我无法不动容。我很难想象，一个人居然可以为一个素未谋面的人感到那么深刻的痛苦。对于科比来说，那好比自己的某位家人遇到了一件可怕的大事。他为此整整一个星期没怎么吃东西"。

这儿，有空，正好写点什么

Chapter
15 痛苦的告别

1990 年，乔·布莱恩特在雷焦·艾的第一个赛季即将结束。赛季末，北方的都灵市组织了一届杯赛，12 岁的科比为此兴奋不已，因为他的雷吉亚纳队将在那里迎战北方最优秀的少年队。

球队入住都灵的旅馆，科比还是像往常一样和好友克里斯·沃德一个房间。时隔多年后，克里斯还对当时的情景记忆犹新：

"我和科比总爱在赛前互换球鞋。对那时的我们来说，最激动的时刻莫过于收到从美国寄来的最新款球鞋。那时他已经拥有与'魔术师'约翰逊同款的球鞋，当时意大利市面上还买不到。他把那双鞋借给了我，我当然非常开心。有天上午，某场比赛刚结束没几分钟，我们还在退场，科比突然被一个都灵当地的小孩拦住。他年纪非常小，几乎不到 6 岁，却将一支笔和一本篮球杂志递给科比，有些腼腆地小声问：'能给我签个名吗？'为什么？因为科比那场比赛有着不可思议的精彩表演，尽管得分并不算高，但他凭着手上的篮球给全场留下了深刻印象。签名，这是从未有过的事……"

都灵小孩预知了未来？还是他从科比处理篮球的动作里看到了巨星的潜力？很难得出一个准确的答案。要是科比那略显稚嫩的签名至今仍保留着，对都灵小孩来说也算一笔不小的财富。

最大的难题

科比在篮球青年队的表现越来越好，他甚至还表现出了在足球场上的不错天分。当时正逢意大利举办世界杯，而且AC米兰队横扫天下、蝉联欧洲冠军杯，科比成了AC米兰队的球迷。他甚至幻想过，除了进入NBA，自己是不是有可能再去踢一次足球世界杯。

但科比却不知道，他离开意大利的时间，越来越近了。

1991年，乔·布莱恩特在雷吉亚纳队效力的第二年，由于伤病和教练的更迭，球队降入乙级。乔非常失望。那一年他场均21.5分+6个篮板，表现还算不错，但他的自尊受到了伤害：他，布莱恩特，居然不得不降级。此外，球队在降入乙级后，预算会大幅缩减。乔意识到，或许到了他一直担心的时刻，那就是离开这个曾像迎接国王一般欢迎他的国度——意大利，正是在这里，他得以体会那种在美国并不存在的家庭生活方式。

乔和帕梅拉最大的难题是，如何告诉13岁的儿子，他们即将离开雷焦·艾。科比已经完全成了一个"意大利人"。每天早晨从郊区的家出门，科比的一天总是要经历这些内容：和面包房里的面包师傅打招呼，和报亭的老板开几句玩笑，和同龄孩子打篮球，但踢足球的时间也越来越多。

02 我们要回去了

一天，科比正穿着他的 AC 米兰队球衣，和十几个意大利孩子踢足球。他已经不再是个门将，黝黑、身材高挑的他，拥有黑豹一般的速度和从乔那儿遗传来的运动神经，据当时的小伙伴克里斯和尼克回忆，那时的科比，足球的技艺也已经是那群孩子里最突出的。

踢完球，孩子们坐在草坪上喝饮料，一个孩子说："杰拉蒂娜可真漂亮啊，她就像个女神。"尼克看了他一眼，说："但她喜欢科比。"科比耸耸肩，说："不，她不喜欢我。下次训练是什么时候？离下届世界杯开幕就只剩下 3 年了。"孩子们大笑起来，其中一个孩子说："贝利 17 岁第一次踢世界杯，3 年之后你才 16 岁，你觉得自己比贝利还厉害？"科比认真地回答："贝利？他是谁？"又一阵大笑……

这时，科比的爸爸乔来到了场边，以下是他们当时的对话：

"儿子，走。"

"爸爸，你没来看我训练，刚才我进了特别漂亮的球。"

"走吧，上车，我要跟你说件事。"

"跟我说什么？"

"听我说，儿子，这里的一切都要结束了，我们要回去了。"

"又搬家？回去？回哪儿？这儿就是我的家。"

"不，你的家在费城。"

"爸爸，我的朋友们在这儿，我的足球教练说……"

"停，科比，别说了。我的合同结束了，在这儿待下去已经没有意义了。我们回美国去，你会受到很好的教育，会有很棒的篮球教练辅导你。你会走我的路，而且比我更棒。"

科比瞪着爸爸，泪水已经在眼眶里打转，但他硬是忍住了没哭。他看着还在那儿玩闹着的朋友们。

"不过，你知道的，科比，美国那边的比赛方式和这边完全不同，你得努力训练，每天要练300次投篮。"

"不。"科比说。他还在看着小伙伴们。

"科比·布莱恩特，你说什么？别拿你的后背对着我。你刚才说什么？"

"500次。"科比终于把目光从小伙伴们的身上移开，"我每天要练500次投篮。"

03 他是我们当中的一个

除了球场上的小伙伴，科比和意大利、和雷焦·艾的连结还离不开一个人：乔尔乔娅·加洛。

和科比一样，她只有12岁，是他在圣·文琴佐学校的同学。在修女们严格管教的学校环境中，用"男女朋友"这个词来形容两个孩子的关系有些夸张：那是一段真挚的友情。后来，当科比在NBA成为世界名人，许多人曾打算拿这段单纯的往事做文章。

今天的乔尔乔娅·加洛是一位棕色头发的漂亮女士。2008年，她通过考试，成功进入雷焦·艾米利亚市的注册律师名单，那一年科比已在洛杉矶湖人队获得了三次NBA总冠军。乔尔乔娅是个沉静优雅的女人，她一直试图回避谈论科比，为的正是保护和尊重这段难得的少年之间的友情。然而这些年来，不断有人因各种原因试图从她嘴里听到什么特别的话。"我不喜欢谈论我和科比，那是很久以前的事了。有人还想通过这个获得个人利益。我接到过各种邀请和建议，但都被我回绝了。有关他的一切都已是众所周知了，我并不想参与进来。这不是为了我，是为了他。"

乔尔乔娅很少回忆科比。当记者问到科比的课业如何，她是这样回答的，"他的英文很好，这是自然的，体育也很棒。其他科目他要更费力一些，可能和语言有关。但总体上，他都能应付"。她印象中的科比，无论在学校还是在课外都是一个模样，并没有双重的个性——毕竟，许多热爱运动的男孩在运动场上一个模样，到了学校里又是一个模样。"在学校里，他和老师之间，和我们这些同学之间，都没有任何问题。他很安静，也很虚心。实际上，他也可以因为有个NBA球星爸爸而显得更高傲，可他并没有这样。"

在当时的乔尔乔娅眼里，科比是一个受到意大利文化熏陶的美国男孩。

"那时候他爱听的音乐和我们不同，我们大多喜欢去听意大利本土歌手的热门歌曲，而他听的歌在意大利唱片店里都买不到。有时候我们大家会在周日下午一起去跳舞，但我们都还小。科比毕竟不是生活在自己出生的国度，或许因此，他不太爱显摆，也不过分活泼。但他十分爱笑，他总是在微笑。他很喜欢雷焦·艾，这里的朋友都是他真正的朋友。成名之后，我想，他身边的人、事、物也发生了变化，变好或者变坏。想要从身边的人里识出真正的友谊，并不容易，因为有些关系或许只关乎利益。每次回到这里，他只去见那些真正喜欢他的人。我们热爱他并非因为如今他成了世界名人，而是因为，我们是儿时就结识的朋友。他是我们当中的一个。"

04 他就是一个"意大利人"

科比的另一位好友克里斯·沃德也与乔尔乔娅有同感。当科比慢慢成长为世界体坛最著名和最受欢迎的运动员之一，克里斯一直生活在意大利：他曾效力于雷吉亚纳队，接着去了丙级的帕尔马队，最后他决定不再将篮球作为唯一的职业内容，去米兰学习了建筑，他继续在一家半业余的俱乐部打球，但只是为了保持身体状态。

"我的大脑一直无法将湖人队的当家球星当作我熟悉的科比。对我来说，他一直是儿时的玩伴。在电视里看着他，我总觉得那是另一个人。我和科比，还有其他队友，我们年少时曾一起做梦，只是，科比实现了梦，而我们没有……"克里斯说。

两人的友谊并未因距离而消失，在雷焦·艾的那支青少队里，克里斯是科比仍在联系的少数队友之一。"意大利对于他来说至关重要，不仅在于运动基本功的培养，还在于性格的培养。他的家庭是美国式的，但他和我们上一样的学校，和我们这些意大利小孩玩在一起。他就是一个'意大利人'。初回美国的他甚至因此遇到了一些融入上的困难。这很正常，因为那时的他已不再是美国人！他连英语都说得不完美了，更不懂得那时美国街头青少年们之间的用语，回到美国的他堪称一条离了水的鱼。"

克里斯认为，25年过去后，科比身上的意大利元素依然十足。"美国人也承认这一点：这不仅仅是穿着的问题，还有，科比去客场比赛会带一本书看，而其他球员或许只带游戏机键盘。美国人懂得去突出科比身上的意大利特性——在许多广告里，科比被要求展示他的意大利语。这让他显得与众不同，尤其与众多教育背景一般的NBA球员相比。现在的情形当然有所改变，但在科比职业生涯之初，像他这样一位懂得穿着、手里时不时拿本书的球员，的确激发了人们极大兴趣。在美国，无论过去还是现在，意大利始终意味着格调、优雅和文化。"身为意大利和美国混血的克里斯·沃德这么认为。

的确，提到"优雅"一词，就算是今天的NBA，或许大部分球员的样子都与之相去甚远。他们当中有些人的样子，总好像才从床上爬起来，还穿着睡衣，或者干脆永远穿着训练外套。

05 什么是真正的优雅

正如克里斯·沃德所言，科比在这方面的品位超出了大部分同行。在意大利的生活经历教会他，什么是真正的优雅：简洁、低调、有气质。在那样一个嘻哈风格占上风的氛围里，科比就像是才从阿玛尼新装发布会上走下来的模特。而这位意大利时尚大师的确曾对科比产生过不小的影响，这一点是科比本人在他的纪录片《缪斯》里郑重提及的。在这部纪录片中，科比回忆道：

我21岁时到了米兰，有幸和吉尔吉奥·阿玛尼先生共进晚餐，对于他是如何凭着灵感和直觉开始这番事业的，我非常好奇。

阿玛尼告诉我，当阿玛尼公司正式成立时，他已经年过40。

我听了感到害怕，因为通常来说，一位篮球运动员的职业生涯到了35岁就该接近尾声了，要是36岁还在打球，那都算运气好。可是一旦退役，我将要做些什么呢？从那时起我就开始思考，等我职业生涯结束那天究竟该做什么。

我想到了说故事，或者我可以去撰写文案，或者做个艺术指导。但是我花了整整15年才明白自己真正愿意做什么。

最开始，我考虑的是哪里有好的市场能让我赚到成千上万元美金。但后来我告诉自己：你最初开始打篮球是因为你喜欢，而不是为了成为百万富翁。

于是我问自己：科比，要是不打篮球，你喜欢做什么？我喜欢说故事，说对

人有启发的故事。这也是我拍摄《缪斯》的初衷。

这儿，有空，正好写点什么

· 2016 年 4 月 14 日　洛杉矶　斯台普斯中心 ·
科比在职业生涯告别战中得到 60 分，率领洛杉矶湖人队以 101:96 击败犹他爵士队，NBA 生涯
完美结束。

· 2016 年 4 月 13 日　洛杉矶 ·
当地市民赶在科比正式退役前为他制作了画像，几年后，人们来到这里悼念他。

· 2009 年 2 月 15 日　菲尼克斯　美航中心球馆 ·

在 2009 年全明星赛中，科比和他昔日的湖人队友奥尼尔共同获得了 MVP——奥尼尔是其职业生涯最
有统治力的队友，没有之一。

· 2010 年 6 月 17 日　洛杉矶　斯台普斯中心 ·

科比率领洛杉矶湖人队在 NBA 总决赛第 7 场比赛中以 83:79 战胜波士顿凯尔特人队，而且自己在奥尼

尔离开后卫冕了总决赛 MVP。

· 2009 年 5 月 19 日 洛杉矶 斯台普斯中心 ·
在 NBA 西部决赛首场以 105:103 击败丹佛掘金队、取得系列赛 1:0 的领先后，科比接受保罗·加索尔
的拥抱。加索尔是科比最好的队友兼知己，没有之一。

· 2012 年 8 月 12 日 伦敦 ·

在 2012 伦敦奥运会篮球赛场，代表美国队的科比面对代表西班牙队的加索尔投篮，在国际赛场，这对
并肩作战的兄弟成了对手。

· 2008 年 8 月 3 日 ·
科比率领勒布朗·詹姆斯、德怀恩·韦德等 NBA 球星组成的美国队在上海参加北京奥运会热身赛，以
89:68 击败了安德烈·基里连科领衔的俄罗斯队。

小科比的"女朋友"

1991年夏天,科比经历了个人篮球生涯中最惨痛的失败。在意大利的少年篮球赛场上不可阻挡的他,假期回到美国,参加了费城当地的索尼山地区篮球联赛,在这项比赛里,一整个夏天,他一分没得。

"我已经习惯了成为球场上的主宰者,因为过去7年,在意大利,我一直是自己球队的得分王。但回到美国,一整个夏天,我一分没得。我是认真的,一分没得。我爸爸可是费城的传奇明星啊,我舅舅当年也是费城的篮球明星。当时我的膝盖有点问题,我像个排球运动员那样,缠着厚厚的护膝。我一共打了25场比赛,结果我一分没得,连一个罚球都没有。我当时差不多要把眼睛瞪出来了。"

那年秋天,布莱恩特一家来到了法国,一家法甲俱乐部成了乔在欧洲的最后一站。在俱乐部提供的别墅里,有一个网球场,网球场边上有一个矮矮的篮筐。"不管怎样,好歹是个篮筐。"科比回忆道,"我一天到晚就在那儿投篮,心里面默念着:'一个球,一个球,投进一个球就行。'第二年夏天,我又回到了索尼山联赛,我没有统治球场,但终于能得分了。这让我知道,只要你努力,就会有所收获。"

乔·布莱恩特很快就发现,自己无法适应法国俱乐部的环境,而且年岁不饶人,到了告别职业篮球、回归家庭和美国的时候了。

和很多NBA球星不同,乔是一个很重视家庭的人,他小时候,生活中最重要的一个角色是他的父亲,因为是父亲鼓励他走篮球的道路,每天陪他数小时不断地训练:运球、跑动、投篮等等。因此乔也想以同样的方式对待儿子科比,支持他的全面成长。

1992年,布莱恩特一家离开欧洲,回到美国。

01 他对我们有多么真诚

乔的第一个任务,是找到一份工作,这份工作,显然要和篮球有关。经过一番周折,他总算谋到了一份有些特殊的教职:在费城附近一所规模很小的大学,希伯来学院里担任女篮主帅。

一切迹象和条件似乎都在预示,乔教练生涯的开端会很糟糕——他太和蔼,太爱笑,所有人都担心他管不住球员——但事实刚好相反,奇迹发生了。希伯来学院的这群女孩并不只是被乔的前NBA球星身份所吸引,她们更加惊喜地发现,这是一位懂得鼓励队员的教练,即便在她们失误的时候也不会大吼大叫。乔执教之初,入队已有一年的女孩艾米·玛莉沙很快就对这位微胖体型的大叔心服口服，"两次训练下来，我们就明白他对我们有多么真诚。乔来了之后，我们的训练和以前大不相同"。

她们开始不断赢球，在面对其他院校的对手时，姑娘们还和乔用上了暗语。这些暗语往往由英语、希伯来语和意大利语组成。乔教会了她们如何用意大利语说诸如"三角阵型"——"Triangolo"——之类的词语。而乔也从姑娘们那里学会用希伯来语说这类词语。每当他在比赛场边用这门生僻的语言吼叫着进攻套路，姑娘们总会被逗得大笑。

新工作并没有让乔忘记自己的主要职责，那就是培养儿子，让他充分发挥篮球天赋，成为一名球星。从科比3岁时开始，乔就一直关注着他在篮球上的所有进展。在抵达意大利的第一站，小科比在里耶蒂家中的花园里练习投篮，再到后来，乔在意大利每一支球队的队友都成为科比的陪练。这么些年过去，回到美国的乔当然不能轻易放弃对儿子的培养。再加上，科比很快将升高中，在那里他或许会遇上青春期难免的各种躁动和麻烦。要让父子间继续保持良好互动，唯一的好办法就是让科比每个周末到希伯来学院来陪他训练女篮。

每当乔指挥着女篮队员们在篮球馆里练习跑动和阵型，科比就会独自坐在场地的另一侧，对着一面墙壁连续20分钟用右手接球，接下来是用左手接球的20分钟。只要球场暂时空闲，他就会像小时候在意大利时一样，跑进场内投篮。与过去唯一的不同是，已14岁的科比个头长得飞快，已经可以扣篮了。乔对女篮的训练结束后，会把儿子叫来，和女孩们玩一轮二打五。父子俩一队，女孩们一队。这一游戏总把这些女孩们练得喘不过气来。艾米·玛莉沙对科比的印象深刻，她说："那时他很瘦，总是很安静，注意力也很集中。每一次他和他爸爸都会把我们打得落花流水……"

02 把自己的一切交给篮球

对刚刚回到美国的科比来说，最大的麻烦有两个：第一，他没有朋友；第二，"语言不通"，他的英语带有浓重的意大利口音，他也听不懂费城孩子们的俚语。如何解决这个问题？科比的办法就是尽量不说话，也不交朋友，然后，把自己的一切，交给篮球。

在纪录片《缪斯》中，科比如此说起那段痛苦的时光：

我大概在13岁的时候就对比赛充满了狂热的激情，喜欢打球的乐趣，只要打球就会觉得很高兴。

13岁的时候我们搬回美国，我大概是11月份的时候回去的，那时候中学正在上课。一切都很不一样，我是一个意大利男孩儿，听不懂他们的俚语，也不懂时尚穿搭，不会拼写单词，老师跟我妈说我可能患上了阅读障碍症。感觉就像被人一下子打入冰窖一般，我当时简直吓坏了。

我不认识任何人，身体也很单薄，很少说话。自己一个人坐在餐厅里面，没有一个朋友。因为搬家的原因心情非常郁闷，心中的不满和怨愤无处发泄。

我不想让自己的情绪爆发，先放在一边，把它当成我在场上打球的动力。一旦我发现这个道理，比赛场上的一切都发生了改变。现在我知道自己可以在比赛中暂时忘掉自我，不用去管周遭的影响，以及生活中发生的事情。我可以直接走上球场，用我的比赛冲淡我的头脑，一上场我就会爆发。

那种带着怒气打球的感觉无法用语言形容，但我就是喜欢！

一个人如果想要变得伟大，你必须要做出决定。我们都可以成为各自领域的大师，但必须有所取舍，我的意思就是，这个过程里面，你必然会有所牺牲，比如跟家人在一起、朋友聚会等等。只要你做出决定，这些必然有所牺牲。

我想学着成为世界上最强的篮球运动员，要成为这样的人我就必须跟最好的球员学习。其他小孩会读书成为医生、律师之类的，那是他们学习的目的。但我就想学习篮球。

03 科比的好伙伴

那段不太轻松的日子里，还好科比有个好伙伴：表弟约翰·考克斯四世，科比舅舅约翰·考克斯三世的儿子。

1981年，约翰·考克斯四世出生在委内瑞拉首都加拉加斯，当时他父亲正在委内瑞拉打篮球。约翰·考克斯四世7岁时曾随父母去意大利看望过姑母一家,当初他还很想留在意大利,和表兄上同一所学校,因为担心父母挂念,放弃了这个念头。

他回忆道:"对我们来说,没有什么比家庭更重要的了。当我在姑母帕梅拉身边时,我时常感觉她就是我母亲。而科比,几乎就是我的亲哥哥……"科比从欧洲回到费城,表弟对篮球的见识也有所改变,因为这位表哥总是带着激情在打篮球。"科比从不停歇,他手上总有一颗篮球。于是我也开始打篮球,从9岁开始我也每天训练。到了暑假,我每天都跟在他身后,在学校的操场上,或是在我奶奶家车库外面,我们总是一起玩球。"

在重新适应美国生活的这一关键阶段,表弟约翰·考克斯四世成了他最好的朋友、伙伴和兄弟。除了打篮球,两人一起去游泳,看棒球赛,一起去电影院。当然,篮球依然是他们的最爱。约翰·考克斯四世回忆说:"姑母帕梅拉总是嘲笑我和科比,说篮球是我们的'女朋友'。要是我们手中没有篮球,她就会问:'你们的"女朋友"呢,被你们忘在哪儿了?'"

两个男孩的父亲——乔和考克斯三世也会加入游戏,四个人总会连续好几个小时二打二。篮球场上的职业动作,如何防守,如何跑动,父亲手把手地教导儿子。当年,正是靠着篮球,两位父亲才得以过上比很多同龄人更好的生活,他们也分外认真地考察孩子们在这项运动上真实的水平和天赋。

Chapter
全美最强高中生

1992年，一个阳光灿烂的周五下午，劳尔·梅里恩高中校队教练格雷格·唐纳正在散步，他看到一个黑瘦高挑的孩子，在球场上练习投篮。他听人说过，前NBA球员乔·布莱恩特的儿子刚刚进入劳尔·梅里恩高中，读高一，而且很有天分，唐纳决定以自己的方式考察一下这个孩子。

"要不要来一次单挑？"当时的唐纳35岁，高大强壮。科比点点头，他并不知道这是谁。发球后，唐纳紧紧贴着科比，科比做出一个向右前倾的假动作，紧接着向左变向，再然后，就是一骑绝尘直奔篮筐。

这次单挑的胜利，为科比赢得了一顿晚餐，也让他成为劳尔·梅里恩校队历史上第一位打上先发的一年级新生。

唐纳教练是这样向队员们介绍科比的："有新人来了，他爸爸是前NBA球员，自己也很厉害，他要加入我们的球队。"第一次训练后，队友们对科比的印象就是：他有6尺1寸（1.86米），能投三分，控球也不错。

唐纳教练很早就看出了科比身上的某些特质："我们都知道科比身上有

什么基因，看看场边坐着的他爸爸就知道了。我看过乔打球，我曾是费城76人队的季票持有者，当时我和科比的爷爷坐在同一排。和他爸爸一样，科比很有天分，但两人又有很大的不同——科比拥有非常强大的专注力，篮球对乔来说只是娱乐和赚钱的途径，对科比来说，它却是一个精神上的依靠，也是唯一的热爱。"

唐纳清楚地记得，"科比最后成为我们高中最好的球员，也是训练最刻苦的球员，第一个来到训练馆，最后一个离开。他第一个到力量训练室，第一个进行所有训练"。

科比的高中篮球生涯并非一帆风顺。他在劳尔·梅里恩校队的第一个赛季，球队的成绩只是4胜20负。唐纳回忆说："那时的科比已经是个很强的个体。这和天赋有关，但也和训练有关。我得承认，科比接受了非常好的篮球教育，他在欧洲生活的经历、在那儿接受的训练，对他帮助非常大。在基本功方面，他不但胜过所有同年龄的孩子，甚至比很多大学球员还要好。第一个学期，科比最大的问题就是，他仍然是个害羞的男孩，他不太和队友们讲话，更谈不上是个领袖。当然，对于高一的孩子来说，这也很正常。"

科比的第二个高中赛季，他和队友之间的关系已经比之前亲密了很多。他开始拥有更多的自信，去和美国的孩子们交往。他的自信，并非因为自己是前NBA篮球明星的儿子，而是因为篮球本身。

琳恩·弗里德兰德是劳尔·梅里恩高中的一位老师，她的女儿苏珊是科比在高中时的一位好友。她时常可以回忆起来她和女儿与科比经历过的一些事情。

在外出前往好时乐园时，苏珊拜托科比去参加一个罚篮大赛，去帮助自己赢得一个巨大的填充玩具。

"那是一个很大的蓝色大象玩具，还有黄绿色的长牙，"弗里德兰德说，"比她还要大一些。"

三次尝试之后，科比帮助苏珊获得了这个奖品，又打了一轮后，他帮苏珊获得了第二个玩具。弗里德兰德说，在这之后，活动的主办方请求他们不要再来了。

01
把球给科比

在正式比赛的赛场上，科比也开始找到征服的感觉。劳尔·梅里恩高中的战绩，从科比高一时的4胜20负，提高到20胜6负。当时的科比，已经是全队最优秀的球员。到了比赛的关键时刻，唐纳教练总是在场边高喊："把球给科比，把球给科比！"

唐纳教练已经看出，科比有希望成为一名特别的球员，一名未来可以在NBA赛场上大展拳脚的球员。他给了科比特别的"照顾"，那就是让他可以随时使用校队的训练馆，"每天早上6点，他就会出现在训练馆里，高一和高二那两年，他要命中500个跳投才离开，到了高年级，结束训练的条件变成了命中1000个跳投"。

看到科比在训练中的投入，唐纳意识到了自己的使命：培养出全美国最出色的高中球员。"我也知道不能操之过急，我给他制订了一个计划。他高一那年，我对他说的：'现在全国大概有100个人和你竞争，首先，你得成为其中最好的50人之一。下一步，你要成为前25名，然后，你的目标是进入前10名。'所以我们一直都有一个很具体的目标，而最终，我希望他能成为最好的那一个。当然，所谓的计划只是第一部分，更重要的是第二部分，也就是科比自己想要成为最好的球员，他的天赋在那儿摆着，但这还不够，因为他还要努力，要去战斗。他必须舍弃一些东西，一些所有男孩子都喜欢的东西；他必须在恶劣的天气里，顶着暴风雪来球馆训练；他必须在所有的训练之后留下来去练力量，每周5次或者6次。"

02 本不必那么努力

唐纳认为，科比的特别之处在于，他是球星的儿子，他有着非常优越的家境。很多男孩，家境贫寒，生活逼得他们走投无路，篮球是他们的救命稻草，要想改变人生，就必须努力再努力，如果能进入NBA，那全家就都像进入了天堂。但科比，他本不必那么努力的……

1994年夏天，科比得到了一个珍贵的机会。他收到了ABCD训练营的邀请，前往新泽西州的哈肯塞克，和全美最优秀的高中生过招。经过几天的训练和比赛，科比感到有些困惑，"训练营上的其他球员，都是在AAU的体系下练出来的，他们看重的就是力量和运动能力。我有幸在意大利长大，AAU跟我毫无关系，我的优势就是基本功，就是脚步，怎么保护球，怎么投篮。在训练营里，我不是最强壮的，不是跑得最快的，也不是最能跳的，我大概是技术最好的，但那儿的教练不重视这个。他们只喜欢看360度大风车扣篮"。

科比带着巨大的愤怒回到劳尔·梅里恩高中，继续他每天早上6点开始的训练，有时他甚至会在凌晨5点就到达训练馆。唐纳教练一遍遍地告诉他："我们才是真东西，我们是牛肉和土豆！别在乎那些花活，练好你的中距离跳投！没什么比这更重要！"

带着成为全美最强高中生的梦想——不，应该说是目标——科比进入了高中的第三个赛季。

他还有一个目标，那就是率领劳尔·梅里恩高中夺得宾夕法尼亚州的州冠军。

03
瞪了1小时27分钟

除了刻苦磨练自己的技术，科比还希望成为球队的领袖，毕竟他已经是高年级球员了，有资格向队友发号施令。队友大卫·拉斯曼回忆说："当时科比最常说的话就是：'你有没有尽110%的努力？如果没有，那就听我的！'

我们只能闭嘴，因为确实谁都没他努力。我们的生活中有太多要去关心的事情，而他的世界里，似乎只有篮球。"

很多队友都有相同的感觉，那就是他们很"惧怕"科比。他的队友罗比·斯瓦特兹在2010年接受采访时说："有一次我和科比分在一队，一起打三对三训练赛，两边打得非常胶着，最后一球定胜负。我当时控球，科比在一旁要球，大喊着，'罗比，罗比，把球给我'。我当时脑子里想的是，科比在那里做幌子，我的机会来了。我就做了一个传球的假动作之后上篮，结果球没有上进，科比不干了。"

助理教练杰里米·崔特曼也记得这事儿，"因为输掉那场训练赛，接下来的1小时27分钟里，科比一直瞪着那个孩子(斯瓦特兹)，就是一直瞪着，目不转睛那种，就是喝水休息的时候也瞪着对方。我开车回家的时候，在等红绿灯的时候突然顿悟，'这就是让他(科比)变得伟大的原因呀'"。

以身作则，是科比更突出的领导方式。唐纳教练说："科比是我们高中最好的球员，也是训练最刻苦的球员，第一个来到训练馆，最后一个离开。他第一个到力量训练室，第一个进行所有训练。"

也正是高三那年，唐纳教练第一次见识到科比的精神力有多强大。与哈弗福德高中比赛之前，科比得了重感冒，发烧以及胃部不适让他躺了一整天，也因此缺席了赛前热身。教练和队友都以为，这场比赛科比肯定打不了了。但就在比赛快开始的时候，科比出现在了赛场上。

"我们都以为他只是来给我们加油的，没想到他脱了外套就走上球场。"盖伊·斯图亚特是当时科比的队友，如今他是劳尔·梅里恩校队的助理教练，"在比赛过程中，他表现得不像病人，但我们都知道他很虚弱。特别是比赛刚开始，他看上去跟平时很不一样，但下半场，他开始找到状态，最终竟然得了45分"。

这个故事似曾相识？是的，1997年NBA总决赛第五场，迈克尔·乔丹也曾在重感冒的情况下得到38分并率队取胜，但科比的"流感之战"发生在1995年，那时的他还仅仅是个高三学生。

04 全美最强高中生

科比在劳尔·梅里恩高中的第三个赛季，起初很顺利。拿下分区联赛的冠军后，在宾夕法尼亚州联赛的第一轮，他们以76:70击败了六届州冠军得主里德利高中。那一晚，科比得了42分。

第二轮，劳尔·梅里恩高中遇到了切斯特高中。切斯特高中的教练决定，用两个人防守科比，希望以此限制他的速度。那场比赛，虽然科比自己仍然得到31分，但由于没能把球队的进攻串联起来，劳尔·梅里恩高中最终以27分之差惨败，无缘州冠军。

那是科比篮球生涯中最惨痛的一场失败，正是从那时起，他开始学习如何在失败中吸取力量。以下是盖伊·斯图亚特的回忆：

"我高中的时候和科比的关系很好。他高三那年我们季后赛输了，无缘州冠军。那是我高中最后一年，没有机会再争夺州冠军，我在更衣室哭了。科比也在哭，但他走到我旁边说：'听着，我们明年不会再经历这些。我们明年会赢得州冠军。'他在更衣室里发表了简短有力的演讲。迅速对我们这些毕业的队友说再见后，他对那些即将入队的队友说：'我们不能让这样的事情再发生。冠军，这是我的目标，希望也是你们的！为此，我们都要付出比之前更大的努力。'"

结束了在劳尔·梅里恩高中的第三个赛季，科比再次来到ABCD训练营。那时的他，在全美高中球员的排行榜上位列第三，仅次于蒂姆·托马斯和莱斯特·厄尔。

科比事后回忆："排名第三，对很多人来说已经很好了，这基本可以确保你得到最好大学的青睐，甚至说可以保证你进入NBA。但我不满意！凭什么我只是第三？我告诉自己，如果不拿到第一，我就不走了！那时候，如果你是排名很高的球员，就可以住进非常好的酒店。即便在酒店的房间里，我也在训练，因为这个训练营对我来说非常重要，比对其他人重要得多。别人可以来了然后嬉笑着走掉，但我不行，我必须成为训练营里最好的球员！我整天都在想这个。训练营即将结束时，主办方让球员们投票选出最佳球员。那天我正在吃早饭，一个孩子对我说：'嘿，你知道那个143号吗？你看过他打球没？简直不可思议啊。我要把票投给他。'他不认识我，他不知道坐在他对面的这个瘦瘦的男孩是谁。我就是那个143号。"

训练营正式结束，科比被球员们选为最佳球员。从篮球技术最好的100人之一，到50强，再到25强、10强，科比终于成为全美最强高中生。

这儿，有空，正好写点什么

Chapter

染血的州冠军

高四之前那个夏天的一次训练，让科比成了全美最炙手可热的名字。

由于费城76人队主帅约翰·卢卡斯的女儿也在劳尔·梅里恩中学读书，科比和队友埃默里·达布尼受到76人队邀请，参加球队在圣何塞州立大学的夏季训练。和职业球员一起训练，达布尼有些受宠若惊，但科比一点都不觉得稀奇，别忘了，当年11岁的他，就曾向布莱恩·肖发起挑战。

科比的自信和好胜心，被76人队的职业球员们看作自大张狂，杰里·斯塔克豪斯决定教训一下这小子。斯塔克豪斯比科比大4岁，是1995年的探花秀，由于和乔丹同样来自北卡，打的都是得分后卫，而且二人身高相同，被认为是乔丹的接班人。

斯塔克豪斯和科比的单挑吸引了所有人的目光，费城当地很多篮球记者被允许进场观看。斯塔克豪斯是费城篮球振兴的希望，科比是费城当地最受欢迎的高中球员之一，很难说记者们心里更希望谁赢。如果说有倾向的话，可能更多人会更"同情"科比，毕竟他比斯塔克豪斯小4岁，看上去要瘦弱不少，当时的斯塔克豪斯已经打了2年NCAA，看上去完全是个成年人。

两人的比赛，从一开始就非常火爆。没人想到科比的身体里能爆发出那么强大的能量，他寸土不让，斯塔克豪斯被他紧紧贴着，非常焦躁。几个回合过去，科比竟然占据了上风，两人还发生了口角，比赛最终有点不欢而散的感觉。

科比可是高兴坏了。虽然他无法预测斯塔克豪斯1年后会进入最佳新秀阵容，并在自己的首个赛季就成为76人队得分王，但他知道这是一位非常有实力的球员。战胜他，就意味着自己已经拥有了在NBA打球的实力。

达布尼后来回忆说："和76人队训练之后，他告诉我，他准备直接进入NBA。对此，我们有过争论。他认为，如果进入大学，很多其他的事情将会干扰他的训练和比赛。他喜欢NBA，喜欢那种盛大而公开的比赛，认为只有那里才能让自己真正成长起来。在我看来，和76人队一起训练的那段日子在他的心中埋下了火种，他感觉到自己已经准备好迎接NBA了。"

全美最强高中生的名头，带给科比巨大的关注度，尤其是在他可能直接参加NBA选秀的消息传出后，不光是当地媒体，连全国性媒体也来到劳尔·梅里恩高中。科比的队友们发现，他们竟然在ESPN电视台看到了自己，当然，镜头的焦点对准的是科比。

科比实在太忙，除了要坚持刻苦的训练，他还得坐飞机到处飞，有时几天都不能来上课。但每次他出现的时候，都会带着写好的作业。

下面这段回忆，来自科比高中时的英语老师约翰·奥西波维奇，他现在是一名作家。"科比的每场比赛都会有球探前来观看，全国媒体从没有停下对他的关注。摄制组的工作人员会把走廊堵得水泄不通，有时还会进到教室里。他们说当摄像机进到教室里面时，正常表现就好，但是，当你不论转到哪儿都会有摄像机拍着你的时候，这样做实在有点困难。不过，科比并没有因为这些关注度，也没有因为篮球，就放弃学习。他的成绩不算最好，但绝对说得过去，可以达到普通高中生的正常水平。有些高中生是因为学习成绩太差而不去念大学、选择直接进入NBA，但科比绝对不是这样。我依然记得他写过的一个故事。那个故事里面的英雄人物站上了罚球线，他的球队落后一分。在科比写的故事里，这位英雄两次罚球全部失手。我想在他此后的人生中，这一点是很有趣的。他总是可以成为胜利者，但是在他年仅17岁的时候，他就已经知道人是会失败的。"

在篮球和学业之间，科比是如何平衡的呢？在2015年接受《体育画报》采访时，科比是这么说的：

我在我的篮球训练营上对孩子们说：你可能不喜欢学校，我实际上也不喜欢学校，但有时候你可以从另一个角度看问题……我上学的时候，坐在教室里，看着讲台上的老师，我把这当作是对自己意志的磨练，因为和在篮球场上相比，我需要更好地集中注意力。

所以，即便是坐在课堂里，我也在为篮球进行着训练。我把所有的注意力集中在历史课本上，阅读着拿破仑和凯撒大帝的故事，我会认真地想：为什么他们能够取得成功？我能从他们身上学到什么？怎么把这些用到篮球上去？篮球是我最热爱的东西，如果你能把那些看上去乏味的课堂上教的东西和篮球结合在一起，那一切就都变得有趣了。

01 一定要把州冠军拿到手

进入高中的最后一年，随着进入NBA这个目标已经触手可及，科比对另一个目标的追求变得更加执着：他一定要把州冠军拿到手！

好在科比有一群同样渴望成功的队友，他们同样愿意为了州冠军尽自己最大的努力，他们也愿意把每一个成就自己的机会都留给科比，为他提供尽情施展才华的舞台。此外，他们还需要承受科比一次又一次的"羞辱"，包括在训练场上被科比打爆、隔扣，以及在更衣室里耐心地聆听科比的训斥。前队友汤姆·佩蒂特说："他总是希望我们能和他一样努力，但是在那个年纪，大多数孩子所关心的只是今晚谁会来请我们喝啤酒，或者哪个姑娘愿意和我参加毕业舞会。科比和我们不同，他已经在跟76人队的职业球员一起训练了。他总是说：'没有人能够像我一样刻苦，因为我愿意牺牲掉自己的一切。为了州冠军，你们就不能少在姑娘身上花点心思吗？'"

　　唐纳教练承受着很大压力。一方面，他需要帮助科比实现州冠军的梦想；另一方面，他需要确保科比不会因为训练和比赛的高负荷而受伤。很多时候，这两方面又很难统一，"如果科比扭伤了脚踝，我们立马就会变为一支平庸的球队。除了州冠军，任何名次都会令我们失望"。

　　此时，科比的天赋已经完全被"解锁"，他不但拥有最好的基本功，这是他在欧洲打下的良好基础，同时还有最强的、来自他父亲的天赋。

　　那一年，唐纳教练的儿子德鲁·唐纳在劳尔·梅里恩高中担任助教，他回忆说："我们在南卡罗来纳州参加沙滩篮球经典赛，我记得当时的对手是来自俄亥俄州的中央天主教高中，他们队里有一个身高7英寸（约2.13米）的大中锋，名叫贾森·科利尔。我们的第一场比赛就是和他们打。当时科利尔拦住了科比的一次进攻，人群中开始爆发出惊叹声。之后我们马上叫了暂停，科比说：'把球传给我，我要在他的脖子上完成扣篮。'那时正处于我执教第一年的赛季初，我和球员们还处于相互了解的阶段，于是我认为这只不过是高中生在说大话。然而，回到场上后，科比很快就压着比自己高半尺的科利尔完成了一次凶狠的大灌篮，他扭住了科利尔的屁股，还造成对手犯规。我觉得，真正神奇的不在于他说了什么，而在于他一走上赛场马上就能将其兑现。一个高中生，就能像迈克尔·乔丹或者格兰特·希尔那样扣篮，这简直令人不可思议。"

　　科比的名气越来越大，他成了当地很多孩子的偶像，每当有球迷提出签名的要求，科比都会带着绅士的派头尽量满足，他看上去越来越像一位真正的明星了。

有时，在劳尔·梅里恩高中的对手里，也会有这样的球迷。助理教练杰里米·崔特曼说："当我们在季后赛中击败了斯克兰顿高中的时候，我们其实是'绝杀'了他们，因为那场失利意味着他们的赛季结束了。然而，在赛后，斯克兰顿高中的球员们仍然围住了科比，和他握手，让他签名。"

在通向州冠军的路上，劳尔·梅里恩高中还击败了科茨维尔高中，后者还有未来的NBA球星理查德·汉密尔顿坐镇。看着科比和汉密尔顿的对决，人们会有一种恍惚感：这还是一场高中比赛吗？

半决赛，劳尔·梅里恩高中又碰上了老对手切斯特高中，此前1年，正是切斯特高中淘汰了劳尔·梅丽恩高中，让科比尝到了一场最惨痛的失败。

02 一个染血的冠军

离比赛还有1周时，科比出事儿了。

唐纳教练回忆说：

"我们都把这场比赛当作提前到来的决赛，因为切斯特高中已经击败过我们好几次了，科比发誓一定要击败他们。因此，在训练中，球员们也格外卖力。一次主力和替补之间的训练赛，出了状况。孩子们在地上倒成一片，争夺一个地板球，其他人都站起来了，只有科比还躺在那儿，躺在自己的血泊里……他的鼻梁骨折了，就在决战的1周前。"

唐纳教练接着回忆道："我们做了一款定制的面具，还把这当作头号机密，一定不能让切斯特高中知道。比赛当天，在帕雷斯特拉训练时他还戴着面具，但在更衣室里，就在比赛开始前的一刻，他当着所有人的面，把面具扔在地上，大声喊着：'我不戴这玩意儿！走吧，上战场！'所有人，与其说是震惊，不如说是热血沸腾，小伙子们像一群小狼那样冲向球场。"

切斯特高中实力非常强，双方一直酣战到加时赛。科比接到了界外球，他冲破切斯特的层层防守突入禁区，完成了一个漂亮的扣篮，还造成对手犯规。这个球，为劳尔·梅里恩锁定了胜局。这是一场令人难以置信的比赛，不单是因为科比得到了39分、在加时赛中绝杀了对手，更因为他是带着骨折的鼻梁完成了这一切。

在淘汰切斯特高中的3天之后，劳尔·梅里恩高中又在决赛中以48：43的比分战胜了卡特卓尔中学。在高中的最后一个赛季，王牌科比终于为劳尔·梅里恩带来了53年来的第一个州冠军，他本人还打破了一项沉睡40年的纪录：宾夕法尼亚州高中联赛的最高总得分，他拿到了2883分，在他之前，是"远古巨人"张伯伦所得到的2359分。

唐纳教练说："可以说，我们拿到了一个染血的冠军。科比在那时就已经表现出了超人的意志力和对冠军的渴望。不过最让我感叹的，是他感染队友的能力。那时我在想，这孩子进入NBA后，也会成为一位出色的领袖。"

这儿，有空，正好写点什么

Chapter 19

把天赋带到NBA

　　全美最强高中生，高四这年场均30.8分、12个篮板、6.5次助攻、4次抢断、3.8次封盖，率领校队打出31胜3负的战绩，夺得宾夕法尼亚州冠军；获奈史密斯最佳高中运动员奖、佳得乐最佳高中运动员奖，入选麦当劳全美高中生最佳阵容……

　　科比获得的荣誉，简直数不胜数。如雪花般飞来的，还有各大名校寄来的资料和招生简章，谁不想得到这么一位天才球员呢？德鲁·唐纳说："我曾经亲手将来自杜克大学和肯塔基大学的快递包裹递给他，但有一次我甚至不知道他有没有打开。当时我在想，'伙计，这可是杜克大学啊！'但看上去，这仿佛已经是他收到的第17个来自大学的包裹了。"实际上，科比一共收到了来自500个学校的邀请。

　　乔·布莱恩特生活的重心已经完全转移到科比身上，在科比雇用正式的经纪人之前，他就是科比的经纪人。高三暑假，科比在76人队的训练场上击败斯塔克豪斯的第二天，乔就接到了迪恩·史密斯的电话，迪恩是北卡罗来納大学校队的主教练，他希望说服乔，让科比选择北卡罗来纳大学，接过乔丹的衣钵。

假设科比最终没有从高中直升NBA，而是进入大学打NCAA，他会选择哪所大学？这个问题，有两个答案。而且这两个答案都来自科比本人。

2007年，科比随美国国家队备战奥运会，那支美国国家队的主帅舒舍夫斯基，人称"K教练"，同时也是杜克大学的当家人。有记者问科比："如果没有直升NBA，你是否可能选择杜克大学？科比给出的答案是肯定的："我也想象过身披杜克战袍的情景，因为我每次打开电视，看到卡梅隆室内球馆的场景，看到那里的球迷边唱边跳，几乎要掀掉球馆的顶棚，我都会特别受到感染。我会想象，自己和科里·马盖蒂、埃尔顿·布兰德一起为杜克大学效力会是什么样子。"

杜克大学校队的助教克里斯·科林斯是乔·布莱恩特的老朋友和前队友，科比很小的时候，科林斯就认识他。科林斯认为，杜克大学绝对是科比最好的选择，"他家教很好，非常善于表达自己，这些都跟杜克大学的风格很搭。我们的球迷会很喜欢他，他会感受到最大的热情。我们当年那支球队，如果再有了科比，就将如虎添翼"。

不过，在2016年的一次采访中，科比却改口了。他表示如果进大学，他会选择北卡罗来纳大学，不是因为迪恩·史密斯的盛情邀约，也不是因为想要追寻迈克尔·乔丹的足迹，而是因为，文斯·卡特。

卡特比科比大 1 岁，1995 年，他在右手腕和右脚踝都有伤的情况下，仍然带领梅因兰高中获得佛罗里达州冠军。唐纳教练经常拿这件事刺激科比，他还对科比说，卡特可能是比他更棒的高中球员。

唐纳教练的这句话，深深扎根在科比心里，甚至险些影响到科比对自己未来的选择。"如果念大学，我就去北卡罗来纳大学，因为卡特已经去了那儿。我想每天都和他较量，因为他是我心目中年青一代最好的得分后卫。"

01
挑战最伟大球员

但最终，科比还是没有选择任何一所大学，因为在仔细权衡之后，他的目标已经不再是和年青一代最好的得分后卫竞争，他想挑战的，是 NBA 历史上最伟大的得分后卫，也是最伟大的球员——迈克尔·乔丹。

科比的高中队友大卫·莱斯曼回忆道："我记得科比对我说过，'迈克尔·乔丹无法防住我。我并不是说我能防住他，但他也不能防住我'。我想，能够尽快与乔丹同场竞技，这就是科比直接从高中进入 NBA 的主要动力。"

当时的舆论，对于科比从高中直接升入 NBA 并不看好。在科比之前，倒也不是没有高中生直接成为职业球员的先例，但从最开始的摩西·马龙，到肖恩·坎普，再到 1995 年进入 NBA 的凯文·加内特（以下简称"加内特"），这些都是内线球员。很多人搞不懂，为什么科比会拿加内特作为自己的参考。

1996 年 4 月中旬，《费城询问报》的老记者迪克·杰拉蒂在自己的专栏中这样写道："加内特直接去打NBA，这是因为他没有别的选择。他的学习成绩太差，如果进大学，第一年会因为学分绩不够打不了NCAA的比赛。但这对科比根本不是问题。如果科比选择现在就进NBA，他很可能只会在第10位到第15位之间被选中。如果他去打1年大学篮球，让更多人、更多球队了解他的能力，他很可能会成为状元。历史上还从来没有一个后卫从高中直升NBA，他应该去NCAA继续磨练自己的技术，他可以在大学学到很多很多东西。就连迈克尔·乔丹也在大学里待了2年才去NBA，而且他也承认自己的技术在大学里有了本质性的提高。"

但科比已经决定，他要走一条不同的路，"实际上我从九年级（高二）那年就已经想好了，如果我有直升NBA的机会，那我就会去这么做。这是我自己的决定"。

唐纳教练永远也忘不了那一天。那是1996年4月底的一个下午，科比穿着西装，眉毛上顶着一副太阳镜，出现在挤了400多人的新闻发布厅里。他的面前放着无数的话筒，ESPN等全国性媒体都派出记者，他们都已经知道结果，但都愿意坐飞机来亲耳听到他宣布自己的决定。

"我，科比·布莱恩特，已经决定把我的天赋带到，呃……"科比停顿了一下，他扬起下巴，照相机的闪光灯啪啪作响，科比笑了，露出两行整齐的、洁白的牙齿，"我决定跳过大学，把我的天赋带到NBA。"

唐纳教练当时的感觉就是："天呐，他真的这么说了吗？好吧，那就去试试吧！"

时隔多年，科比已经成为 NBA 历史上最伟大的明星之一，特雷西·麦格雷迪、勒布朗·詹姆斯等球星都已经沿着科比的足迹，以高中生的身份参加 NBA 选秀。在一次访谈中，科比提到了自己当时的决定，"跳过大学直接打 NBA，这是我做出过的最好的决定。你去大学读 4 年，如果遇到糟糕的指导，还不如在 17 岁进入联盟打球。因此我认为，这取决于你的导师，以及你自己的内在驱动力"。

02
不敢选择科比

科比以高中生的身份直接参选 NBA，带来的最直接的后果，就是很多球队不敢选择他。

76 人队在乐透抽签中得到了状元签，费城当地著名专栏作家约翰·斯莫伍德撰文，建议 76 人队选择科比，"他拥有无可辩驳的篮球天赋，又是本地球迷的最爱，如果 76 人队不选他，一定会后悔的"。76 人队也确实试训了科比，但在简单观察了科比的跑跳能力之后，时任该队总经理的布拉德·格林伯格就对科比说："孩子，艾弗森比你跑得快。"科比一脸茫然："然后呢？"

2012 年，《纽约邮报》记者皮特·维西旧事重提，向格林伯格打听当时试训的细节，格林伯格说："除了跑跳，我们也看了他的投篮，还有一些其他的训练。那次试训很棒，但我还是认为艾弗森是我们更好的选择。在当时的情况下，我不太可能不选艾弗森，而去选一个高中生。"

格林伯格不是唯一错过科比的总经理。

拥有第二顺位的猛龙队想要一个大个子，于是挑选了后来成为最佳防守球员的马库斯·坎比；灰熊队、森林狼队和雄鹿队，分别选中了拉希姆、马布里和雷·阿伦，这三位球员日后都取得了非凡的成就。第六顺位的拥有者，是传统劲旅凯尔特人队，当年波士顿凯尔特人队的篮球发展主管约翰·詹宁斯在1996年《体育画报》的采访中说道："我认为科比提早进入NBA是大错特错，加内特是我见过的史上最强的高中生，但我都不会建议他跳过大学进入NBA，科比跟加内特可没得比。"最终，凯尔特人队挑走了安托万·沃克，他们的总经理迈克尔·里昂·卡尔说："科比的控球能力很弱，他的身体还没有做好适应NBA对抗的准备。他没有一个真正擅长的位置，他在高中能够打五个位置，打得都不错，但都不完美，他是以格兰特·希尔为模板的，却没有良好的控球能力和投射能力让他成为进攻高效的后卫。"

与湖人队同在洛杉矶的快船队，拥有七号顺位，他们的总经理埃尔金·贝勒是NBA传奇巨星，主帅比尔·菲奇也声名显赫。科比为快船队试训了两次，第二次试训后，贝勒和菲奇还邀请科比一家在洛杉矶吃了晚餐。

在晚餐上，贝勒对科比说，这是他见过的最棒的两次选前试训之一。当时科比非常高兴，他心想："就这么定了吧，我要去快船队了，虽然不是湖人队，但也在洛杉矶，也很棒啊！"但紧接着，贝勒和菲奇话锋突变，"你的技术水平超乎我们的想象，你的运动能力也超乎寻常，你的能量和热情也让我们印象深刻。但是，我们不能选你"。

"为什么？！"科比有些傻眼了。"因为如果我们用七号选秀权选了一个高中生，球迷会认为我们是在开玩笑。"这是贝勒的解释。最终，快船队在这个位置挑选了洛伦岑·赖特，一位职业生涯场均只得8分的大前锋。

03
科比不愿意去

有些球队不想要或者不敢要科比，有些球队科比自己不愿意去。

新泽西篮网队是首轮第八顺位选秀权的拥有者，那是卡利帕里执掌球队的第一年，刚刚在大学篮球取得了巨大的成功，他希望用这个8号秀作为本队建设的基石。很多人建议卡利帕里要慎重，毕竟科比是个高中生，在他之前，还从来没有高中后卫直接入选NBA。

但在费尔雷·迪金森大学看过科比试训后，卡利帕里被彻底打动了。"如果你看过他的训练，你一定会被颠覆的，他令人太不可思议了。"卡利帕里说，"我先后试训过他三次，他让我无法自制，我从未见过这么好的球员，怎么看都看不够。"

那段时间，科比的经纪人和品牌赞助商不停地劝说卡利帕里，希望他选走科比。

04
湖人出手了

可就在卡利帕里犹豫之际，手上只有第二十四顺位的湖人突然提出要试训科比，事情也因此发生了天翻地覆的变化。

在科比的经纪人泰勒姆看来，洛杉矶可以让科比得到更多的东西，市场更大，可以卖出更多球鞋。于是，科比应邀在某天下午来到位于英格尔伍德的一座球馆，与刚刚带领密西西比州立大学闯进NCAA最终4强的邓台·琼斯进行对抗性训练。训练的结果是，18岁的科比把身体强壮、经验丰富的琼斯打得狼狈不堪！

"我记得当时湖人队总经理韦斯特推门进来，看了一会儿就说，不用练了，除此之外再没说什么别的废话。他要定科比了。"科比的球鞋赞助商代表瓦卡罗说。

再后来，开始运作科比交易的韦斯特放出话来，如果科比能被黄蜂队选走，湖人队愿意拿已成名的中锋迪瓦茨交换。但问题是，黄蜂队在那届选秀中只有第十三号顺位。于是，经纪人泰勒姆对卡利帕里大放烟雾弹，声称为了积攒更多的比赛经验，科比将去意大利联赛打球——现在看来，这只是迷惑卡利帕里的小把戏。"泰勒姆在知道湖人队要定科比前，很想让我们选科比，但后来他很抵制我们，我很清楚地记得，选秀前一天，泰勒姆打电话告诉我，别惦记科比了。"卡利帕里回忆说。

　　虽然心有不甘，但在众人劝说下，卡利帕里最终用8号签挑走了维拉诺瓦大学后卫基特尔斯——一名优秀却饱受膝伤困扰的球员。"所有人都劝我挑基特尔斯。"卡利帕里说，"能执教基特尔斯，这也很好，我非常喜欢他。我记得自己当时是这么说的，'在最初的几年里，基特尔斯会比科比更出色，但5年之后，科比会甩开基特尔斯几条街。'"

4岁以来的梦想

　　科比这边处理好了篮网，他的选秀权落到了黄蜂队手里，湖人队要做的，是说服迪瓦茨去夏洛特打球。迪瓦茨不想去夏洛特，因为他不想离开洛杉矶，他的妻子安娜是一名演员，哪有演员愿意离开好莱坞去夏洛特的？迪瓦茨威胁湖人队，如果要交易他，他就退役。

　　此时，又是泰勒姆站出来解决问题，他在NBA一向以铁腕著称。泰勒姆告诉黄蜂队，科比绝对没有可能在夏洛特打球，如果不想竹篮打水一场空，黄蜂队就必须说服迪瓦茨。最终，黄蜂队向迪瓦茨许诺，会给他更高的赛季末奖金，后者终于点头，同意了交易。

　　1996年7月12日，大西部论坛球馆，一脸稚气的科比，从杰里·韦斯特手中接过湖人队的8号球衣。他举起这件球衣，咧嘴冲着镜头笑着，露出两行洁白的牙齿。台下，从来都笑呵呵的乔·布莱恩特，任由眼泪在脸上流淌。他的儿子终于完成了4岁以来的梦想，没有人比乔更知道，为了这一天，科比付出了多少努力。

　　和天下几乎所有父亲一样，乔也有一颗望子成龙之心，更何况科比是如此的争强好胜，从小就把NBA总冠军当成自己的梦想。但即便在乔最狂野的梦里，也没有敢想自己的儿子日后会达到这样的成就：5枚总冠军戒指、2次总决赛最有价值球员、1次常规赛最有价值球员、18届全明星、4次全明星最有价值球员，11次入选最佳阵容第一队、2次第二队、2次第三队，12次入选NBA最佳防守阵容。他还成了湖人队历史上的得分王，并在2008年和2012年共2次代表美国国家队夺得奥运金牌。2016年4月15日，在告别NBA赛场的那一晚，38岁的科比拿下惊人的60分，贡献了历史上最伟大的告别演出。

　　有记者问科比："最后一次离开这里的时候，你在场上留下些什么？"

　　科比说："我留下了我的所有，我的心，我的灵魂，我的一切。是的，我付出了我的全部。"

· 2020 年 10 月 30 日 广州 ·
2020 广州文化博览会展出了科比头像的模型，可谓惟妙惟肖。

· 2009 年 4 月 3 日 洛杉矶 斯台普斯中心 ·
姚明与科比在常规赛相遇，二人拼抢篮板。因为姚明，更多的中国球迷认识了 NBA，认识了科比。

· 2008 年 11 月 25 日　洛杉矶　斯台普斯中心 ·
当时的易建联身披新泽西网队队服，他与科比的每次相遇都成为热闻。

· 2015 年 8 月 2 日　广州　正佳广场 ·
在告别赛季即将到来时，科比赶到中国，与热爱他的球迷们互动并引爆了活动现场。

· 2016 年 4 月 14 日 沈阳　沈阳体育学院 ·
在科比的退役日，该院的学生球迷们通过大屏幕看比赛，他们还创作了科比的巨幅
涂鸦画像。

· 2019 年 3 月 16 日 深圳 ·

2019 篮球世界杯分组抽签仪式中，中国队获上上签。仪式现场科比与姚明互动。

· 2020 年 2 月 6 日　塞尔维亚首都贝尔格莱德 ·

2020 年东京奥运会女篮资格赛在此举办，中国队同英国队交手，赛前姚明参与默哀，一起悼念科比。

· 2020 年 4 月 14 日　南通 ·
球迷们在 24 号篮球公园举行了悼念活动，疫情期间大家手捧鲜花，佩戴口罩，自发前往悼念。

少年科比
Junior Kobe
后记

20年前，
用意大利语和科比互致问候

　　2016年3月，我应邀开始撰写一本只关于科比少年时代的书。他们说，这是一本面向孩子们的书，让孩子们从中得到知识，获取能量。在那之前，我拒绝了多个书商的邀约，却无法拒绝给孩子们写一本书的诱惑。我想，写完之后是不是能和出版社商量一下，在书的扉页上写一句西班牙语：para mis hijos（送给我的孩子们）。

　　那时，我的孩子不到1岁。2个月的时间，我几乎每天把电脑搬到家附近的咖啡馆，写2个小时，然后再回家接老婆的班，喂奶、洗尿布、哄睡。每天这2个小时的咖啡馆，成了我的避难所，成了我的小天堂。我翻阅着关于科比的资料，就像在剪辑一部关于少年科比的电影，我甚至会觉得在亲眼看着他，走在意大利的街头，走向球场，那里是他的避难所，那里是他的小天堂。

最终交稿，是在2016年6月15日。我跟出版社的编辑说，咱们不要蹭热度，不用趁着科比退役出这本书，反正是给孩子们看的嘛。但事有不凑巧……之后的5年，就这么过去了。

5年，足以改变太多事情。

我的孩子们一天天在长大，我的工作换了一个又一个项目，每天都很忙，基本没怎么想到过那本书，还没有一个很正式的结尾。

NBA的世界日新月异，金州勇士建立了王朝，王朝又解体了，勒布朗·詹姆斯为克利夫兰拿到了冠军，又去洛杉矶拿了冠军。

科比，他成功转型，他和动画师格兰·基恩合作的短片《亲爱的篮球》感动了无数人，获得第90届奥斯卡最佳短片奖。

然后，他的生命，在北京时间2020年1月27日这天戛然而止，享年41岁。

在科比和他的二女儿离世这天，我写了一篇文字，题为《我们记得的，将永远是科比的少年模样》。我在文中说：他的心里还住着那个，在11岁时要去向22岁的布莱恩·肖挑战的少年，带着这样永不服输的少年心性，他在职业生涯的最后一场比赛里，得了60分。现在，科比走了，而他的少年心性，永远留下了。因为他离去时只有41岁，留在我们心中的，将永远是科比的少年模样。是的，有一段时间，他也变胖过，当时我们觉得他正朝着"魔术师"

埃尔文·约翰逊或者"飞人"迈克尔·乔丹的方向发展——再伟大的球星，也有变老变胖的一天啊。但他很快又瘦了下来，而且，他再不会变老了。

这是我知道科比离世之后的第一反应，现在来看，我之所以有这样的反应和感触，可能还是因为那本我5年之间没怎么想起来的书，因为那2个月在咖啡馆里看到的那部关于少年科比的"电影"。

在科比离世之后，我的老朋友钟星儿找到我，提出想出版这本《少年科比：球一直在他手中》，对此，我非常感恩。谁也不愿意让自己曾经的努力付诸东流，更何况是这些我花了2个月的时间打磨出来的文字，而且还是关于少年科比的文字。现在，我的孩子们已经6岁，他们已经认识一些字，可以开始自己阅读了。这本书是我能送给他们的最好的礼物，是送给我老婆的最好的礼物，以此表达我对她最诚挚的感谢。

同时，我想，这也是科比送给我的最好的礼物——2001年，科比第一次来北京时，我和他用意大利语互致问候，距离现在，整整20年了。

我想在自己的墓碑
刻两个字：
误解。

策划编辑：钟星儿
责任编辑：赵红霞　迪　生
责任校对：韩培付
版式设计：安　宁　子　行

图书在版编目（CIP）数据

少年科比：球一直在他手中 / 管维佳著 . -- 北京：
北京体育大学出版社，2021.5

ISBN 978-7-5644-1397-2

Ⅰ .①少… Ⅱ .①管… Ⅲ .①布莱恩特 (Bryant,
Kobe 1978-2020) －传记 Ⅳ .① K837.125.47

中国版本图书馆 CIP 数据核字 (2021) 第 052690 号

少年科比：球一直在他手中　　　　　　　　　　　　　　　　　　　管维佳　著
SHAONIAN KEBI QIU YIZHI ZAI TA SHOUZHONG

出版发行：北京体育大学出版社
地　　址：北京市海淀区农大南路 1 号院 2 号楼 2 层办公 B-212
邮　　编：100084
网　　址：https://cbs.bsu.edu.cn/
发 行 部：010-62989320
邮 购 部：北京体育大学出版社读者服务部 010-62989432
印　　刷：保定市铭泰达印刷有限公司
开　　本：787mm×1092mm 1/16
成品尺寸：170mm×230mm
印　　张：12
字　　数：50 千字
版　　次：2021 年 5 月第 1 版
印　　次：2021 年 5 月第 1 次印刷
定　　价：108.00 元

Do you know

what Los Angeles

looks like

at 4 o'clock

in the morning ?

When Los Angeles was still in the dark at 4:00AM, I got up and walked on the dark street. One day passed, the darkness of Los Angeles has not changed at all; two days passed, the darkness remains all the same. More than 10 years passed and the darkness in the streets of Los Angeles was still there at 4:00AM, but I had become a basketball player with strong muscles, excellent physical fitness, strength, and a high field goal percentage.

His Team

About the team

when...	where...	why...

His Teammate

point guard

Name

Birthday

Height

Position

Number

bench

Name

Birthday

Height

Position

Number

small forward

Name

Birthday

Height

Position

Number

power forward

Name

Birthday

Height

Position

Number

center

Name

Birthday

Height

Position

Number

sixth man

Name

Birthday

Height

Position

Number

January

1 2 3 4 5 6 7 8 9 10 11 12 13 14 15

Some people, after all, enjoy looking at a watch; others are happier figuring out how the watch works.

16 17 18 19 20 21 22 23 24 25 26 27 28 29 30 31

February

1   2   3   4   5   6   7   8   9   10   11   12   13   14   15

Passion is the fuel for success.

16   17   18   19   20   21   22   23   24   25   26   27   28

March

1　2　3　4　5　6　7　8　9　10　11　12　13　14　15

Once you know what failure feels like, determination chases success."

16   17   18   19   20   21   22   23   24   25   26   27   28   29   30   31

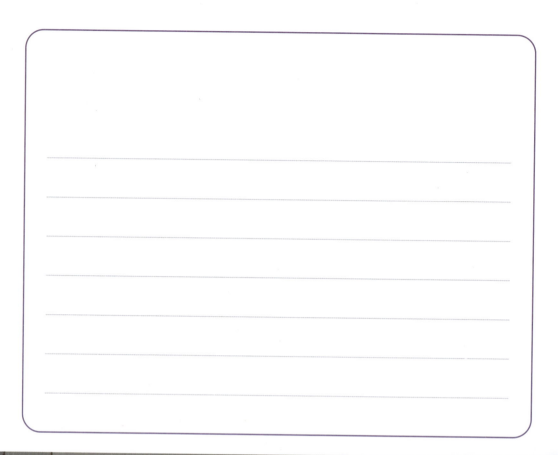

April

1   2   3   4   5   6   7   8   9   10   11   12   13   14   15

The most important thing is to try and inspire people so that they can be great in whatever they want to do.

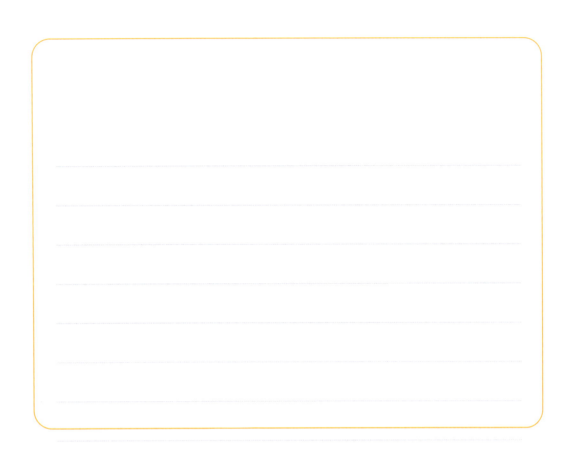

You wake up at 3, train at 4. 4-6. Come home, eat breakfast, relax. Now you're back at it again 9-11. Relax ......Back at it again, 2-4. Now you're back at it again, 7-9. By year 5 & 6, it doesn't matter what kind of work they do in the summer ——they're never gonna catch up.

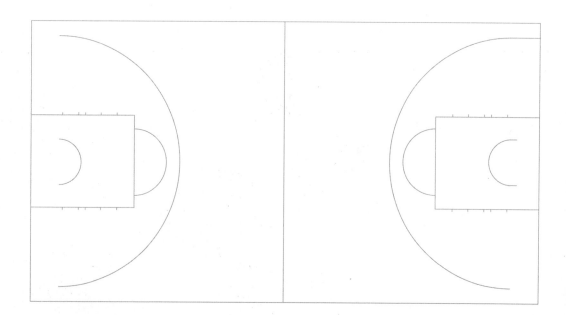

May

I'm reflective only in the sense that I learn to move forward. I reflect with a purpose.

The moment

you give up,

is the moment

you let someone else win

June

1   2   3   4   5   6   7   8   9   10   11   12   13   14   15

The beauty in being blessed with talent is rising above doubters to create a beautiful moment.

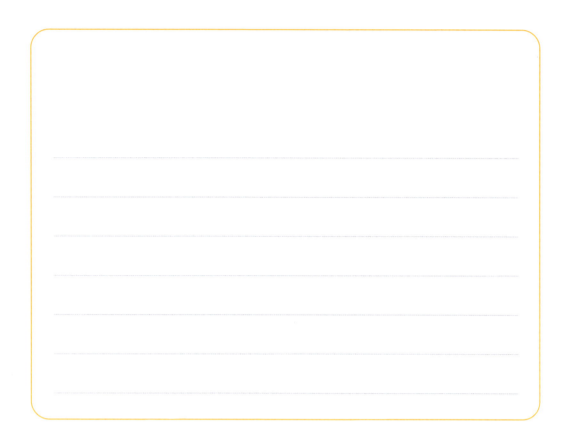

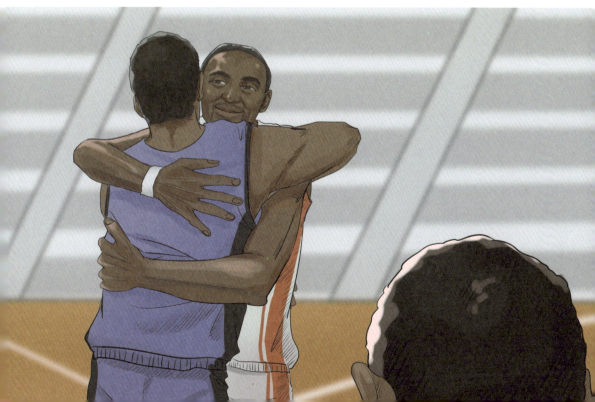

July

1 2 3 4 5 6 7 8 9 10 11 12 13 14 15

If
you don't believe in yourself
no one will
do it for
you

August

1   2   3   4   5   6   7   8   9   10   11   12   13   14   15

16   17   18   19   20   21   22   23   24   25   26   27   28   29   30   31

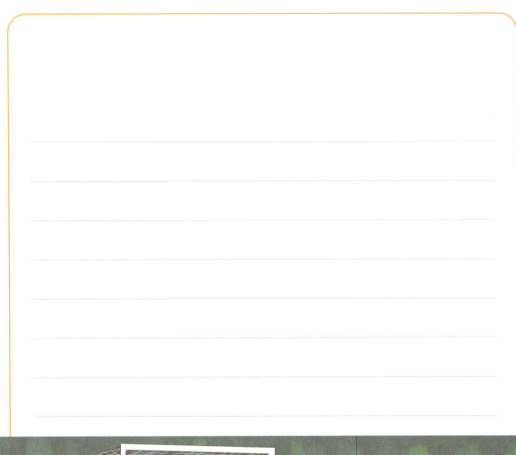

September

1 2 3 4 5 6 7 8 9 10 11 12 13 14 15

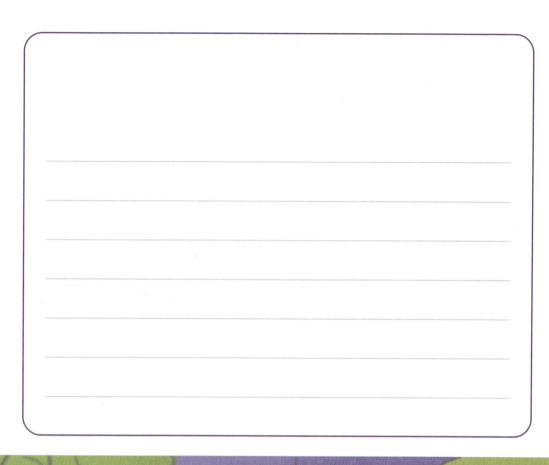

October

1   2   3   4   5   6   7   8   9   10   11   12   13   14   15

16   17   18   19   20   21   22   23   24   25   26   27   28   29   30   31

November

1 2 3 4 5 6 7 8 9 10 11 12 13 14 15

We're not on this stage just because of talent or ability. We're up here because of 4 a.m. We're up here because of two-a-days or five-a-days. We're up here because we had a dream and let nothing stand in our way. If anything tried to bring us down, we used it to make us stronger. We were never satisfied, never finished. We will never be retired

December

| 1 | 2 | 3 | 4 | 5 | 6 | 7 | 8 | 9 | 10 | 11 | 12 | 13 | 14 | 15 |

16   17   18   19   20   21   22   23   24   25   26   27   28   29   30   31

640 blocks

All-NBA x15

Hall of Fame

2 x FMVP

3353 fouls

12 x All-Defensive

All-Rookie

4 x ASMVP

4010 turnovers

7047 rebounds

All Star x18

2 x Scoring Champ

33643 points

6306 assists

5 x NBA Champ

1944 steals